501 maravillas del viejo Nuevo Mundo

501 maravillas del viejo Nuevo Mundo

Cristina Carbó
Julieta Cruz
Zoraida Vásquez

Tomo 1

LIBROS DEL RINCON
sep

Sistema de clasificación Melvil Dewey D. G. B.	
I 591.5 Q55 1999	*501 maravillas del viejo Nuevo Mundo 1* / texto de Zoraida Vázquez... [*et al.*] —México: SEP, 1994. [168] pp. ISBN 968-29-6404-0 (obra completa) ISBN 968-29-6405-9 1. Animales - Hábitos y comportamiento. 2. Legumbres. 3. Minerales. I. Vázquez Zoraida, coaut. II. Carbó, Cristina, coaut. III. Cruz, Julieta, coaut. IV. t.

Primera edición en Libros del Rincón: 1994
Primera reimpresión: 1999

Producción: SECRETARÍA DE EDUCACIÓN PÚBLICA
Subsecretaría de Educación Básica y Normal

Coordinación Sectorial
de la Unidad de Publicaciones Educativas
Isabel la Católica 1106
Col. Américas Unidas
03610 México, D. F.
Tel. (5) 674 3222 / Fax (5) 674 3287
Correo electrónico: upe@sep.gob.mx

D. R. © de la edición
Consejo Nacional de Fomento Educativo
Río Elba núm. 20, Col. Cuauhtémoc
06500 México, D. F.

ISBN 968-29-6404-0 (obra completa)
ISBN 968-29-6405-9

Impreso y hecho en México

Presentación

Cuando en el siglo XVI los europeos se dieron cuenta de que en realidad no habían llegado a las Indias, sino a otro continente, lo llamaron *nuevo* a pesar de ser tan antiguo, y lo nombraron también América, el Nuevo Mundo.

Poco a poco descubrieron que en estas tierras existía, desde hacía muchos años, una extensa franja cultural que integraba civilizaciones notables en todos los órdenes: adelantadas en ciencias y en artes, distintas y ricas en sus tradiciones y costumbres, admirables por su orden y organización, temibles por su poderío militar. Maravillados, los europeos se enteraban ahora que había ciudades, como Tenochtitlan, construidas sobre lagos; y urbes enclavadas en las montañas más altas, como Cuzco, en los Andes; y supieron también que los mayas seguían con precisión el movimiento de los astros utilizando avanzados observatorios astronómicos.

La obra del hombre prehispánico le resultó fabulosa al conquistador, y éste comenzó a contar, a escribir las maravillas que veía en este llamado Nuevo Mundo. Después del terrible primer encuentro entre culturas algunos europeos se establecieron en América y comenzaron a erigir nuevas ciudades, levantaron catedrales sobre cimientos de pirámide; y las razas, las culturas mezclaron lo mejor de cada una de ellas.

El recién llegado también observó con asombro que la naturaleza del nuevo continente era sinónimo de vastedad: variedades innumerables de flores y animales convivían en selvas, valles, bosques, ríos y desiertos; y bajo la tierra se contenían inmensos yacimientos de minerales valiosos y útiles.

Ahora, a finales del siglo XX, los hombres de este continente seguimos descubriendo las maravillas que encierra este viejo Nuevo Mundo. Y hemos aprendido que conocer y entender las cosas de nuestra naturaleza, la protege; y que es fundamental utilizar el talento del hombre para crear arte, para enriquecer la ciencia y finalmente, multiplicar por mil nuestras 501 maravillas.

En las páginas de este libro vas a encontrar maravillas del hombre y la naturaleza; y algo muy importante es saber que son tuyas porque provienen del lugar en donde vives, son de América, de todos los rumbos del viejo Nuevo Mundo.

LOS EDITORES

1 Un mundo maravilloso

Hace más de 500 años, Cristóbal Colón imaginaba... Quería cruzar el océano y arribar a Asia, a las tierras fabulosas donde reinaba el Gran Kan.

Mientras se acercaba a nuestro viejo Nuevo Mundo "vinieron al navío, en amaneciendo, dos o tres pajaritos de tierra cantando, y los aires mejores del mundo..."

Al desembarcar, Colón vio estas tierras "muy bellas, llenas de árboles de inmensa elevación y palmas superiores en altura y belleza" a las europeas; "las bañan muchos, copiosos y saludables ríos", tienen "diversas mieles, pájaros pintados de mil maneras, frutas, hierbas, metales", hasta "perros que nunca ladran..."

Entre tantas maravillas, lo único que Cristóbal Colón nunca encontró fue una isla que los indígenas llamaban Anam, donde, según decían, "los habitantes nacen con cola".

2 Palo borracho

En la Argentina
se empina,
alto,
borracho
y panzón,
un plantón
lleno
de espinas
y copitos
de algodón.

El árbol del palo borracho —abundante en la Argentina— es pariente del gigantesco baobab africano, porque los dos pertenecen a la familia de las bombacáceas. Su tronco en forma de botella (¿de allí le vendrá lo de borracho?) está cubierto de púas, lo que hace imposible treparsele. En el verano, este corpulento vegetal abre sus frutos y los niños se sienten tentados a quitarle los pelos blancos y

2

sedosos que cubren la semilla y que parecen copitos de algodón, pero la temible coraza verde se interpone y se quedan mirando el follaje con ojos codiciosos.

Hay dos especies de palo borracho: el yuchán, de flores amarillas y el mamuhú, de flores rosas. Ambos adornan plazas y parques.

3 Jaillis quechuas

Los incas fueron grandes arquitectos. Pero no solamente con las piedras lograron magníficas formas, templos en honor de sus dioses. También con las palabras hicieron bellas construcciones: poesías, llamadas jaillis.

Raíz del ser, Viracocha,
Dios siempre cercano,
Señor de vestidura
Deslumbradora.
Dios que gobierna y preserva,
Que crea con sólo decir:
"Sea hombre, sea mujer..."

Algunas eran en alabanza de Viracocha, el dios creador, de quien descendían los emperadores; otras en honor del Sol, hacedor del mundo:

Creador del mundo,
Tú que dices:
"Hay día
Y hay noche",
Tú que dices:
"Amanezca
Y haya lumbre..."

Otras más eran poesías sencillas, que cantaban al amor y a la naturaleza.

La civilización inca se desarrolló en los territorios de Perú, Bolivia, norte de Chile y Ecuador.

4 Brasil, un reino independiente

Cuando la mayor parte de los pueblos de América se encontraba en la difícil tarea de construir sus repúblicas, Brasil era un gran reino, independiente de la corona portuguesa.

Después del intento popular, en 1817, por constituir la República de

4

Bahía, Pedro I —hijo del rey don Juan de Portugal— se proclamó emperador, con bombos y platillos. Si bien, al principio, Pedro I demostró ser un monarca preocupado por el destino de sus vasallos, con el paso de los años comenzó a reinar con mano dura.

A Pedro I le sucedió Pedro II. En total, el imperio duró desde 1822 a 1889, año en que a Brasil le llegó la hora de convertirse en una república latinoamericana más.

5 Bibijaguas que mueven el piso

Las bibijaguas son unas hormigas muy viajeras; van y vienen una y otra vez de su madriguera al restaurante: los árboles cuyas hojas devoran completamente. Los recorridos son subterráneos y los realizan en grupos numerosos y organizados, de tal forma que el pelotón hormiguil, a su paso, afloja la tierra de los campos. En la superficie es bastante notoria la tierra removida, ¿y cómo no?, si por debajo caminaron un montón de bibijaguas de casi un centímetro de longitud cada una... En Colombia, México y las Antillas, se las conoce con el mismo nombre; en Venezuela las llaman guachacos y en Brasil, saubas.

6 Quisqueya y Babeque, tierras de Caonabó

La isla que Colón nombró Santo Domingo era llamada Haití —es decir tierras altas— por sus habitantes: taínos, ciguayos, macorixes, arahuacos y caribes.

En ese entonces, la región se dividía en cinco cacicazgos. Guacanagasix era señor de Marién; Guarionex, de Managuá; Bohechío, de Jaraguá y Cayacoa, de Igüey.

Caonabó y su esposa Anacaona reinaban en la zona central y parte del sur, conocida como Maguana.

Este rebelde cacique caribe luchó con todas sus fuerzas contra los invasores. Destruyó el fuerte La Navidad, al poco tiempo de que fuera construido y dio muerte a los soldados de la guarnición.

Anacaona murió ahorcada en 1502, por conspirar contra las autoridades españolas.

Los indígenas reconocían dos grandes sectores geográficos: llamaban Babeque a la parte occidental de la isla, que hoy ocupa la República de Haití, y Quisqueya, a la zona oriental, hoy República Dominicana.

7 Tabaco de Vueltabajo

"Este producto es nocivo para la salud..." se lee hoy en las cajetillas de todos los cigarros. Sin embargo, hace más de 500 años, la frase era desconocida entre los habitantes de América.

7

El tabaco —voz antillana— es una planta originaria de nuestro continente; pertenece a la misma familia de la papa y el jitomate (solanáceas); el tabaco se fumaba, se aspiraba, se bebía o se mascaba entre los isleños de las Antillas pero su uso tenía un sentido ritual, mágico o curativo. Cristóbal Colón fue el primer europeo que se sorprendió al ver hombres que sacaban humo de su boca. Al paso de los años, en el siglo XVII, el tabaco se llevó a Europa convirtiéndose desde entonces en mercancía y en una droga socialmente aceptada.

Cuál no sería la fuerza de la planta americana en el mundo que la palabra original —tabaco— se arraigó en otros idiomas casi sin cambiar: *tabak* en alemán; *tabac* en catalán y en francés; *tobacco* en inglés; *tabacco* en italiano; *tabaco* en portugués; *tabako* en vasco.

Cuba es el país más famoso en el mundo por la calidad de su tabaco ya que el clima tropical y sus tierras arenosas ricas en humus favorecen las plantaciones; un ejemplo es la importante vega de Vueltabajo, en Pinar del Río.

8 Escuelas de samba

Hay escuelas para todo en este mundo. Las escuelas de samba, por ejemplo, son muy originales y alegres.

En Brasil, el carnaval es la fiesta más importante del año; la gente se

8

9 Pájaro bobo

Tal cual, así se llama este personaje que vive en las islas Galápagos, al frente de Ecuador, en América del Sur. Nomás de verlo da risa, pues tiene un aspecto muy cómico. Parece estar siempre pensando en otra cosa... pero lo más curioso no es su expresión distraída sino que sus pies son grandotes... ¡y azules!

El pájaro bobo corteja a la hembra danzando. Primero levanta una pata y luego la otra, para que ella lo admire. ¡Qué ritmo!

9

lanza a la calle con disfraces coloridos, brillantes y frescos, a bailar y bailar samba hasta caer rendida. La samba es una música que proviene de la práctica de cultos de origen africano, donde danzarines samba ejecutaban movimientos con ritmos parecidos a los que se bailan durante el carnaval.

Los brasileños se preparan durante todo el año. Si no... ¿cómo van a resistir? Lo hacen en las escuelas de samba; allí se organizan, crean las coreografías, cosen sus trajes y ensayan. La escuela Flor de Amanha reúne a niños de la calle; la escuela Quilombo, además de preparar la fiesta, trata de dar a conocer la cultura heredada de África. Los quilombos eran pueblos donde los esclavos prófugos vivían a la usanza de su tierra natal.

Sin duda, hay escuelas para todo en este mundo.

10 Glaciar veloz

Los glaciares de montaña, esas inmensas masas de hielo elástico que se deslizan por las laderas tallando la roca, a diario se mueven en forma permanente y regular. Algunos glaciares se desplazan a muy poca velocidad: un centímetro por día; otros son un poco más rápidos: alcanzan a recorrer unos 15 metros cada jornada. El que lleva las de ganar en el mundo entero es el glaciar Black Rapid, en Alaska: durante un buen tiempo viajó a razón de 30 metros diarios.

11 Pájaro sagrado

El quetzal —*kukul*, en maya— fue un ave sagrada para nuestros antepasados.

La belleza de su plumaje lucía tanto, que la relacionaban con los dioses de la lluvia, el agua y la fertilidad. Usaban las plumas de su cola —que valían más que el oro— como adornos y objetos de trueque.

Para cazarlo, le arrojaban una bolita de lodo con una cerbatana; al atontarlo, le arrancaban las plumas, sabiendo que éstas volverían a crecer. Sin embargo, se castigaba con la pena de muerte a quien se atreviera a matarlo. Dos dioses importantes llevaron su nombre: Quetzalcóatl y Xochiquetzal.

El quetzal aún vive en las serranías altas del bosque de niebla de México y América Central, pero, como muchos animales de esta zona, está en peligro de extinción.

11

12 Capoeira, ¿lucha o danza?

En Angola, un país de África ubicado a orillas del Océano Atlántico, los hombres acostumbraban danzar como si estuvieran peleando.

Los africanos que llegaron a Brasil —particularmente a Bahía— como esclavos, trajeron esa costumbre; así nació la capoeira que se baila con

12

navajas en las manos, acompañada por pandero, reco reco (tambor de frotación), caxixi (maraca de mimbre) y berimbau (instrumento de cuerda y percusión). Representa la resistencia de la población negra contra el colonizador.

Entonces: capoeira, ¿lucha o danza?

13 Mina fabulosa

En Chuquicamata se encuentra la mina de cobre a cielo abierto más grande que existe. Chuquicamata está al norte de Chile, país que, dicho sea de paso, es el tercer productor de este mineral en el mundo.

14 Botella al mar

Pongo estos seis versos en mi
            botella al mar
con el secreto designio de que
            algún día
llegue a alguna playa casi desierta
y un niño la encuentre y la destape
y en lugar de versos extraiga
            piedritas
y socorros y alertas y caracoles.

Este breve poema es de Mario Benedetti, un literato uruguayo contemporáneo que también escribió novelas y artículos periodísticos.

Mario es un hombre muy preocupado por los problemas sociales y políticos de Uruguay y del mundo entero.

Ojalá tú seas el afortunado y encuentres su botella al mar.

15 La cuna de las tortugas

Cada año, de julio a diciembre, las tortugas marinas arriban a la playa La Escobilla para depositar sus huevos en la arena y continuar así la maravilla de su reproducción. Casi todas llegan a la cita: 11 de las 12 especies que hay en el planeta se hospedan anualmente en esta playa a lo largo de 15 kilómetros. Por las noches, alrededor de 250 000 quelonios brillan bajo la luz de la luna mientras sus huevos siguen llenándose de vida.

La tortuga marina es un fósil que ha logrado sobrevivir más de 200 millones de años; por esto, en su cuna La Escobilla se decretó la veda de caza permanente desde mayo de 1990.

Los habitantes del lugar están contentos, ya que sus antepasados respetaban las tortugas porque les atribuían poderes curativos, y hoy esta creencia no se ha perdido. La Escobilla, cuna natural de las tortugas marinas, se halla en el Océano Pacífico, en la costa de Oaxaca, México, entre Puerto Escondido y Puerto Ángel.

16 Lope de Aguirre: nadie se lo esperaba

Lope de Aguirre fue uno de los tantos españoles osados que terminó sus días en América; sin embargo, su corto paso por este continente resultó toda una sorpresa hasta para el rey Felipe II.

Cuando rondaba los 48 años —allá por 1559— Aguirre partió a conquistar la selva amazónica, en América del Sur. Al mando de la expedición iba Pedro de Urzúa pero Aguirre, valiéndose de intrigas, terminó siendo el jefe. Acto seguido, renegó del rey y liderando a los indios marañones decidió navegar por el caudaloso río Amazonas hasta hallar su desembocadura.

Cumplida la hazaña, se propuso arrebatar a sus compatriotas las costas del Caribe y el Perú. Tamaña empresa no podía resultar victoriosa. Lope de Aguirre fue tomado prisionero y descuartizado en Barquisimeto, Venezuela, junto con los jefes indios que lo seguían. Tenía entonces 50 años. ¿Qué fue Lope de Aguirre? ¿Un conquistador? ¿Un precursor de la independencia?

Su imponente y extraña personalidad lo ha convertido en personaje de obras de arte sobresalientes: en la novela *Tirano Bandera* del español Valle Inclán se relata su muerte y en la película *Aguirre, la ira de Dios*, del alemán Werner Herzog, se recrea su viaje por el Amazonas.

17 Tormenta silenciosa

Hay lugares en el mundo donde, por diferentes razones, extrañas o desconocidas, suceden cosas raras; por ejemplo, no se captan las ondas de radio o las brújulas enloquecen. Resulta que en Venezuela hay una región de tierras bajas comprendida entre las cataratas del río Orinoco y las del Río Negro. Allí, la tormenta guarda silencio: en ese lugar es muy común observar los relámpagos sin que, segundos después, les sigan los escandalosos truenos. ¿A dónde se irá el ruido?

18 ¿En qué quedamos?

¿**C**ómo se llamaba América antes de ser América? ¿Tahuantisuyu? ¿Anáhuac? ¿Mayapán? Los pueblos prehispánicos le daban nombre a las regiones donde vivían pero nunca inventaron uno que nombrara todo este continente.

En España, se hablaba de las Indias, del Catay, confirmando con ello que esperaban llegar al oriente por el otro lado de la Tierra. Algunos piensan que América se llama América de pura casualidad.

El florentino Américo Vespucci llegó a Sevilla, España, en 1492, de parte de la banca de los Médicis —una riquísima familia italiana. Tenía el propósito de invertir en el viaje de Cristóbal Colón, pero como prefería la aventura a las tareas administrativas, decidió "lanzarse al agua" y navegar él también. Américo demostró ser un experto navegante y, como tal, un observador al que no se le perdía ningún detalle. En una carta que se le atribuye, publicada en 1504 en la obra *Mundus Novus,* afirma que las Indias no son las Indias sino un continente desconocido para sus descubridores. Tres años después, el alemán Martin Waldseemuller publica otra carta de Américo y propone dar al nuevo mundo el nombre de quien primero se había dado cuenta de que era nuevo; es decir, de Américo. Lo que resta por explicar es fácil de imaginar: en español, Amérigo se dice Américo y como todos los continentes tienen nombres femeninos, el nuestro se llamó América... de pura casualidad.

Sin embargo, existen historiadores que no están de acuerdo con esta historia. El verdadero nombre de Vespucci era Alberigus; sin embargo, en una oportunidad, firmó uno de sus mapas con el nombre de Américo...¿de dónde lo tomó? De los indios américos, que vivían en un territorio al que denominaban Amerricúa, responden algunos especialistas.

Entonces...¿en qué quedamos?

19 El curalotodo

El guayaco fue muy famoso en Europa allá por los años 1600. ¿Por qué? Porque se aseguraba que la infusión de la madera de este árbol americano (tan dura que se hunde en el agua) curaba un padecimiento terrible: la sífilis, y que también sanaba "la gota en los pies, los cálculos, la parálisis, la lepra, los desvanecimientos y otras enfermedades".

El brebaje hace sudar muchísimo a quien lo bebe, y se creía que mediante esta sudoración se expulsaba el mal del cuerpo. En ese entonces, el guayaco costaba mucho dinero; por eso el aserrín de su madera, hervido varias veces, servía para que los enfermos pobres se beneficiaran con tan buena medicina. En algunas iglesias colgaban un trozo de madera para que los sifilíticos le rezaran.

El árbol de guayaco se llama también palo santo.

20 Calisaya maravillosa

En los sitios pantanosos y cálidos del mundo habita un mosquito peligroso: el anofeles. Su hembra, al picar, transmite el paludismo o malaria, enfermedad tropical que causa fiebre muy alta, escalofríos, sudor y dolor de huesos. Los enfermos de paludismo se debilitan poco a poco hasta morir.

Afortunadamente, en la región andina de América del Sur crece un árbol —de la familia de las rubiáceas— llamado quino, el cual proporciona la medicina para prevenir y curar el paludismo: la quinina. Es una sustancia blanca, poco soluble y muy amarga que se extrae, junto con otros alcaloides, de la quina, la corteza de este árbol. Hay quina de varios colores: gris, roja o amarilla. La amarilla o calisaya es la más apreciada; se encontró por primera vez en Calisaya, una colina de Bolivia.

21 Con hielo se protegen

Imagina que durante casi todo el año lo que te rodea está cubierto de hielo: la tierra, el mar, los ríos... ¿Cómo harías tu casa?

Los esquimales encontraron una buena solución construyendo su vivienda, precisamente, con lo que más abunda: el hielo. El iglú se hace con bloques de hielo, que se colocan en redondo y curvándose hacia adentro, hasta adquirir una forma de media naranja o cúpula; el frío intenso une y endurece los bloques y así el iglú, de alrededor de 2 metros de diámetro por 2 de altura, se convierte en una pieza entera de hielo, con una sola entrada pequeña; luego sujetan en ella pieles de oso polar... ¡y listo!

En el iglú el calor se expande de manera uniforme, debido a su forma redondeada.

Esta curiosa vivienda es un lugar confortable y abrigado; protege a sus habitantes del frío y de las tormentas de viento y nieve.

22 Danza y danza, Alicia Alonso

La cubana Alicia Martínez Hoyo decidió cambiar su apellido por el musical Alonso. La razón era poderosa: iba a presentarse ante el mundo como primera bailarina del Ballet Theater de Nueva York.

En 1948, Alicia Alonso creó en su isla natal una compañía de danza, semilla que germinaría 14 años después en el Ballet Nacional de Cuba y en una escuela que ha adquirido renombre internacional.

A sus 71 años, sigue fascinando a los espectadores. Hoy, quien piensa en danza clásica inmediatamente recuerda a Alicia Alonso.

23 Cara ya conocida

En algunas provincias del norte de Argentina, cuando se presenta un visitante de otra región, suelen decirle: me resultas cara ya conocida. El recién llegado se queda sorprendido, mientras los lugareños se mueren de la risa.

¿Por qué tanto alboroto?

Sucede que el carayá o carayaca es un mono muy popular en la zona, que aúlla ensordecedoramente antes de las tormentas. Este sencillo juego de palabras no es más que una broma amable.

23

24 Hermanos de lava

Si pensamos en lava hirviente, de seguro la imaginamos en las capas interiores de la Tierra o lejos del frío. Sin embargo, ella puede existir muy cerca de la nieve; por ejemplo, en estos dos hermanos de lava:

El hermano mayor es el volcán Antofalla, ubicado en Argentina, a 6 127 metros; el hermano menor es el Cotopaxi, en Ecuador, a 6 000 metros de altura. Ambos siempre están nevados y son los volcanes activos más altos del mundo.

25

25 El corazón de América

En todo ser vivo late un corazón y este continente no se quedó atrás. El poeta guatemalteco contemporáneo Luis Cardoza y Aragón dice en el libro *Guatemala, las líneas de su mano:* "es de maíz el corazón de América..." Y, por cierto, un corazón bastante sabroso.

Luis Cardoza y Aragón murió en México en 1992.

26 Hormigas comestibles

En la región del Río Negro, afluente del Orinoco, en Venezuela, la gente se alimenta bien. Por lo

menos, así lo aseguran los indios. Allí abundan las bachacos o guachacos, unas hormigas grandes, de abdomen grueso y mantecoso; los indígenas acostumbran comerlas porque dicen que son muy sabrosas.

27 Los decapitados

Diecisiete enormes cabezas de basalto, halladas en la costa del Golfo de México, son testimonios de una antigua cultura madre: la olmeca. Se piensa que los olmecas fueron los creadores del juego sagrado de pelota y que las cabezas de piedra son representaciones de los perdedores, quienes, por cierto, eran decapitados.

Estas esculturas monumentales son muy antiguas; fueron hechas entre los siglos X al VI antes de nuestra era.

27

28 Grandote pero blandengue

El ombú o *umbú*, en lengua guaraní, es una planta alta como un edificio de cinco pisos, y tan frondosa que los campesinos de las pampas de América del Sur construyen la vivienda bajo su follaje. Sin embargo, su madera es muy blanda, no sirve ni para hacer una fogata. ¡Qué raro que una planta de semejante tamaño tenga la madera tan suave! Sucede que el ombú no es un árbol sino una hierba gigante. ¡Con razón!

28

29 Cardúmenes

En los ríos de Centro y Sudamérica nadan peces únicos en el mundo. Por ejemplo, los guppies, que si bien naturalmente poseen un aspecto hermoso, lo han mejorado gracias a las cruzas hechas por los piscicultores. Los guppies también son famosos por su fecundidad: las hembras ponen huevecitos cada cuatro semanas.

Los peces hacha son otro caso especial. Su cuerpo brilloso —a veces, plateado— es plano lateralmente y alargado hacia abajo, tal y como una hacha. Viven cerca de la superficie, son pacíficos y vivaces.

Los lápices de tres bandas no son para pintar; se trata de pececitos que habitan en las capas medias y superiores de los ríos de la cuenca del Amazonas. Son tan atractivos y originales que los piscicultores darían cualquier cosa por tenerlos en sus peceras.

En la cuenca del Amazonas existen también discos que nadan; son peces casi circulares de hasta 20 centímetros de diámetro, recorridos por líneas horizontales y una transversal. Claro, éstos no suenan ni se rayan.

Un buscador de tesoros pagaría mucho dinero por el pez ángel alto —¡llega a medir medio metro de altura!—; su belleza lo convierte en una joya viviente. Existen tres especies de peces ángel; viven en el Orinoco y suelen nadar en cardúmenes entre los tallos de las plantas acuáticas, donde se esconden.

30 Un equipaje muy pesado

Si bien los africanos que llegaron a nuestro continente venían casi desnudos, cargaban un equipaje muy pesado. Por una parte, pesaban sus cadenas, pero por otra pesaban sus recuerdos, recuerdos que —como un buen equipaje— les permitieron sobrevivir. Hoy, a casi 500 años del inicio de la esclavitud en América, son muchos los descendientes de africanos en nuestro continente que siguen reviviendo, a su manera, los recuerdos. La religión es tal vez el mejor ejemplo. Llena de música, cantos, danzas y dioses que evocan el África natal, recibe nombres tales como macumba, candombé y xangó, en Brasil; vudú, en Haití, y santería (ésta con mayor influencia cristiana), en Cuba.

31 Te amamos, Amazonia

En América del Sur se encuentra la Amazonia, una selva inmensa que con sus 4.5 millones de kilómetros cuadrados abarca parte de Brasil, Bolivia, Colombia, Guayana, Guayana Francesa, Perú, Surinam y Venezuela. Húmeda (llueve 130 días al año), cálida (su temperatura promedio varía apenas 3 grados centígrados) y, en consecuencia, siempre verde, alberga especies vegetales y animales únicas en el mundo. Si bien en ella viven grupos étnicos con raíces muy antiguas y se

30

encuentran algunas ciudades importantes, está poco poblada.

La Amazonia es una de las principales fuentes de oxígeno del planeta; sin embargo, la riqueza del subsuelo y el trazado de la carretera transamazónica hacen peligrar su existencia. Y tanto la amamos, que hay personas capaces de dar la vida por ella. Tal es el caso del ecologista brasileño Chico Méndez, que a principios de la década de los noventa fue asesinado por protegerla.

32 El doctor Torrente

Hablaba con tanta elocuencia, siempre a favor de la libertad de los pueblos americanos, que su discurso parecía un río caudaloso; por eso, en Guatemala, donde vivió varios años desterrado, le pusieron de apodo *doctor Torrente*. Era José Martí, poeta y luchador cubano, cuya mayor tristeza fue tener que permanecer mucho tiempo fuera de su país natal.

Mi verso

Si ves un montón de espumas,
es mi verso lo que ves:
mi verso es un monte y es
un abanico de plumas.

Mi verso es como un puñal
que por el puño echa flor:
mi verso es un surtidor
que da un agua de coral.

Mi verso es de un verde claro
y de un carmín encendido:
mi verso es un ciervo herido
que busca en el monte amparo.

Mi verso al valiente agrada:
mi verso breve y sincero,
es del rigor del acero
con que se funde la espada.

José Martí vivió 42 años, pero éstos le alcanzaron para hacer muchas cosas. Murió como un héroe en la batalla de Dos Ríos, en 1895, después de desembarcar en Playitas, Cuba.

32

33 Muros que hablan

En 1922, la ciudad de México cambió de color: los muros de sus escuelas, universidades, bibliotecas, iglesias, oficinas públicas, museos, hospitales, teatros y palacios se llenaron de imágenes coloridas. Artistas como Diego Rivera, José Clemente Orozco y David Alfaro Siqueiros, entre otros, comenzaron a pintar sobre ellos hombres, mujeres y niños campesinos; plantas y animales de estas tierras; pirámides y cruces. Estos pintores, llamados muralistas, intentaban contar la verdadera historia de México a todo aquel que anduviese por ahí, estudiando, trabajando, de paseo o, simplemente, sin saber qué hacer.

34 Serpientes en el paraíso

América del Norte es el paraíso de las serpientes. Allí vive la serpiente toro, de grandes ojos y hasta dos metros de largo. Cuando se asusta hace vibrar su cola y produce un sonido parecido al de la peligrosa cascabel; sin embargo, es inofensiva, igual que su prima, la lechera.

La nariz de puerco es pequeña y tiene la nariz respingada como un cochino.

La reina, tímida y delgada, caza y pesca muy bien; la serpiente acuática, de cuerpo grueso, vive cerca de estanques y pozos; los mantiene limpios, comiéndose los animalejos muertos. También la serpiente rayada habita al lado del agua.

La barriga roja es apreciada por los jardineros, pues se come los insectos dañinos.

La cencóatl es una culebra inofensiva que vive junto a las milpas y se alimenta de roedores; parece una mazorca, por eso, a veces, la llaman así. En náhuatl *cen* es uno de los nombres del maíz y *coatl* significa serpiente. Los campesinos prehispánicos la protegían porque beneficiaba sus cultivos al comerse los predadores. También trataban con consideración a la tlilcóatl o serpiente negra, culebra cuyo alimento preferido —según creían— eran las nauyacas, venenosas y de mal genio.

Sobre todo en Canadá, hay algunas serpientes bastante curiosas: la serpiente zorro, que sería mejor llamada zorrillo, pues despide un fuerte olor, y la dos cabezas, que tiene sólo una pero que, cuando se asusta, se enrosca y enseña su gorda cola.

En América del Norte existen estas serpientes y muchas más. Casi todas, al contrario de lo que suele pensarse, son pacíficas y ayudan al hombre, ya que forman parte de las cadenas ecológicas de la región donde habitan.

35 Tijeras originales

Las pirañas, peces de Sudamérica, tienen dientes triangulares muy filosos. Son carnívoras y también muy renombradas, gracias a las películas que les han hecho fama de asesinas. ¿Será cierto?

De algo sí estamos seguros: los indios del Amazonas usan como tijeras las mandíbulas de las pirañas muertas, aprovechando lo cortante de sus dientes.

36 Hermanos de sangre

Todos los indígenas americanos, de norte a sur y de este a oeste fueron hermanos de sangre. Una gran familia habitaba desde la Tierra de Baffin, donde viven los aleutas, hasta la Tierra del Fuego de los alacalufes.

Aimaraes, amahuacas, amazónicos, anasazis, apaches, arapajos, arahuacos, atabascanos, bororós, cañaris, caras, caribes, cibecúes, comechingones, cries, cunas, chanás, charrúas, cheroquis, cheyennes, chibchas, chiricahuas, chiriquís, esquimales, guaicuras, guaicurús, guajiros, guaraníes, guarayus, guayaquis, haidas, huicholes, inuits, jíbaros, jicarillas, kainah, lipen, mantas, mapuches, marañones, matacos, matagalpas, mayas, mbayás, mbeguas, mescaleros, mexicas, misquitos, mixes, mixtecas, nahuas, navajos, olmecas, onas, otavalos, patagones, peigan, pueblos, puruhaes, quechuas, quichés, quitus, siksikas, sioux, shoshones, tarahumaras, tehuelches, totonacas, tzeltales, tzotziles, tupís, ulúas, yaquis, záparos, zapotecas, y tantos otros, tienen semejanzas físicas.

Hace 300 años, el jesuita español Bernabé Cobo, en su obra *Historia del Nuevo Mundo,* señaló el parecido que existía entre los habitantes originales de América. Después, estas semejanzas y el antiguo parentesco se comprobaron científicamente por la distribución de los grupos sanguíneos; los americanos vivieron aislados durante muchísimo tiempo, hasta que hace 500 años llegaron los europeos, africanos y asiáticos.

La familia americana fue de pura raza; en ninguna época, ni en ningún lugar del mundo, ha existido una población tan semejante y numerosa en una región tan inmensa. ¡Todo un continente hermano!

36

37 Un rey

Conozco a un rey
su carne es roja
blandita y dulce
como la miel.

Conozco a un rey
su carne tiene
sabor a mambo.
Es el mamey.

El fruto del árbol del mamey es
otra de las delicias que nuestro
continente dio al mundo. Nació en
América Central y su nombre es de
origen antillano.

38 Terrazas escalonadas

Si bien una de las siete maravillas
del mundo antiguo fueron los
Jardines Colgantes de Babilonia, hoy
inexistentes, en América hay otros
jardines antiguos tan maravillosos
como aquéllos y que, por fortuna,
aún pueden visitarse.

La mayor parte de las ciudades
incas fue fundada en tierras altas, es
decir, en la cima de las montañas
andinas. Tal situación geográfica
permitía a sus habitantes protegerse
de ataques enemigos además de
disfrutar un paisaje hermoso. Sin
embargo, las laderas eran muy

empinadas por lo que tuvieron que
ingeniárselas para que su
arquitectura —bella, accesible y
cómoda— sirviera a la vez como
fortaleza.

Los incas aprovecharon las
pendientes de tal forma que la
ciudad quedaba escalonada como si
los Andes tuvieran una gigantesca
gradería. Algunas gradas sirvieron
para la agricultura, por eso se
llaman andenes de cultivo o terrazas
escalonadas. Este sistema permitió
que la escasa tierra vegetal de la
región no fuera arrastrada por la
lluvia, el viento o los torrentes. La
tierra cultivada se regaba a través de
acueductos y canales por donde
bajaba el agua desde la cima hasta

En el siglo XVII, el primer pirata —un inglés de nombre Edward Davis— necesitó siete embarcaciones para llevar a la isla lo que había logrado en sus fechorías. Años después, el segundo pirata, Benito Bonito, depositó montañas de arena sobre un tesoro evaluado en millones de dólares. Y en 1821, un tal Thompson, capitán del *Mary Dear,* escondió en la isla las ricas pertenencias de unos funcionarios limeños que huían de la revolución independentista hacia España.

Una isla con tanta leyenda ha sido visitada por muchos buscadores de tesoros quienes sólo han encontrado unas pocas monedas.

39

los valles. En las terrazas se cultivaron el maíz, la papa y otros tubérculos.

Los ingenieros incas hicieron de un suelo rocoso, terrazas escalonadas muy fértiles que aún pueden contemplarse en los restos arqueológicos.

39 Isla del Coco

En el Océano Pacífico, a unas 350 millas de Costa Rica, se encuentra la Isla del Coco, que es como un cofre de tesoros. La leyenda dice que en ella enterraron su botín tres piratas famosos.

40 *Popol Vuh*, libro tesoro

El libro indígena más importante de América nació hace tanto, tanto tiempo, que no puede saberse.

Tal vez, al principio sus historias estuvieron escritas en forma de dibujos en amate, piel de venado o talladas sobre estelas de piedra. O tal vez sólo eran contadas de padres a hijos. Hasta que un día, poco después de la conquista española, indios sabios, que añoraban tiempos lejanos, decidieron escribirlo en su lengua, el quiché, pero con letras del alfabeto castellano, y guardarlo como un tesoro.

En 1688, el sacerdote dominico Francisco Jiménez llegó a tierra de los quichés, en Guatemala. Allí, fue cura de Chichicastenango, un pueblo muy bonito, que entonces tenía por nombre Santo Tomás Chuilá. Dicen que fray Francisco era una buena persona, preocupada por los problemas de la gente de la comunidad; esto despertó la confianza de los indígenas, quienes un día decidieron mostrarle con orgullo eso que habían guardado celosamente durante años: el manuscrito de sus antepasados.

Fray Francisco, conocedor del quiché, comenzó a leerlo emocionado y pudo comprobar que lo que tenía en sus manos era muy valioso. En el *Popol Vuh* —así se llama el manuscrito—, se mezclan relatos religiosos con leyendas, se cuentan la creación del mundo y del hombre, las aventuras de los héroes Hunahpú e Ixbalanqué, así como el origen y la historia de los pueblos indígenas de la región, hasta poco antes de la conquista.

El fraile hizo una versión bilingüe del *Popol Vuh,* en quiché y en castellano, que hoy se encuentra guardada en la Biblioteca Newberry de Chicago, en Estados Unidos. Nadie sabe qué pasó con el manuscrito original.

El *Popol Vuh* es antiguo; sin embargo, los quichés aún narran sus bellas historias.

41 El templo de Tikal

En la región del Petén, departamento de Guatemala, se desarrollaron las primeras ciudades mayas. Todas eran importantes; Tikal, por ejemplo, fue un gran centro mercantil que comerciaba hasta con la lejana ciudad de Teotihuacan, en México. Además, tiene un gran punto a su favor: conserva el templo más alto de la América precolombina; éste mide 70 metros de altura, como un edificio de 23 pisos.

Tikal fue declarada Patrimonio de la Humanidad por la Organización de las Naciones Unidas para la Educación, la Ciencia y la Cultura (UNESCO).

41

esclavos africanos que —provenientes de Cuba— se asentaron en las márgenes del Río de la Plata. El grupo étnico al que pertenecían era el de los tangos-congos y el ritmo se llamó tangó.

Y ahora, ¿bailamos un tangó?

43 Avenida de los Volcanes

Un largo camino se abre paso en el Ecuador. La Cordillera de los Andes, al cruzar este país de norte a sur, se ramifica en dos líneas montañosas paralelas, separadas entre sí 60 kilómetros, aproximadamente. Lo curioso es que cada una está formada por una serie continua de nevados; más de 30 de ellos aún en actividad. Esta calle natural perfecta se llama Avenida de los Volcanes.

43

42 ¿Bailamos un tango?

Pero antes de bailarlo te contaremos algo de este ritmo tan popular. Sin bien se hizo famoso a principios del siglo XX, algunos estudiosos piensan que su origen se encuentra en la música y danza de

44 Rubén el modernista

Un gran terremoto sacudió Hispanoamérica. Se inició en la última década del siglo pasado y duró casi hasta el inicio de la Primera Guerra Mundial. En estos años, las tierras americanas se cimbraron y fueron acomodándose de tal manera que se formó un gran campo fértil. Afortunadamente, no hubo víctimas porque fue un sismo cultural de intensidad 10 en la escala literaria. Se le llamó modernismo. ¿Cómo empezó?

A nivel mundial, la industria progresaba a pasos agigantados y el capital extranjero invadía Latinoamérica para explotar maderas, metales y petróleo. A pesar del auge económico, mucha gente continuaba en la pobreza; sin embargo, hombres y mujeres sensibles a todo esto absorbían la cultura internacional. Había miseria social, pero también riqueza literaria.

Casi como una respuesta involuntaria, los poetas —hoy llamados modernistas— empezaron a escribir y escribir poesía y prosa en donde aparecían cisnes, princesas, castillos o seres mitológicos. Era extraño que en ese siglo industrial se recordara a personajes tan pasados de moda. La creación modernista fue como una burla ante el enriquecimiento de unos cuantos. Además, los poetas usaron con elegancia un lenguaje muy continental y en los textos se impusieron el estilo y la voz propia; no eran influencia ni copia de otros sino la base firme y original en la que nació el quehacer literario hispanoamericano.

Los modernistas padecieron también la pobreza de la época; escribían mucho pero sólo se imprimían 500 ejemplares de cada uno de sus libros. Por fortuna, su labor en diarios y revistas favoreció la difusión de su obra; se dice que en el modernismo dio inicio la época de los grandes periodistas del continente.

Muchos escritores de esta época sísmica vivieron desde el Río Bravo hasta Argentina. En un país pequeñito —Nicaragua— nació Rubén Darío, el gran modernista. Desde los 15 años, Rubén ya dominaba la técnica de la versificación y, con el paso de los años, "tuvo de principio a fin el mejor oído de la poesía española". Rubén, Rubén Darío, Rubén el modernista, nos regaló este poema:

Sonatina
La princesa está triste... ¿Qué tendrá
la princesa?
Los suspiros se escapan de su boca
de fresa,
que ha perdido la risa, que ha
perdido el color.
La princesa está pálida en su silla de
oro,
está mudo el teclado de su clave
sonoro,
y en un vaso, olvidada, se desmaya
una flor.

¡Ay!, la pobre princesa de la boca de
rosa

quiere ser golondrina, quiere ser
mariposa,
tener alas ligeras, bajo el cielo volar;
ir al sol por la escala luminosa de
un rayo,
saludar a los lirios con los versos de
mayo,
o perderse en el viento sobre el
trueno del mar.

¡Pobrecita princesa de los ojos
azules!
Está presa en sus oros, está presa en
sus tules,
en la jaula de mármol del palacio
real;
el palacio soberbio que vigilan los
guardas,
que custodian cien negros con sus
cien alabardas,
y un lebrel que no duerme y un
dragón colosal.

45 Balapucas coloradas

En el norte de Argentina, las casas de los campesinos tienen un adorno gratis y muy especial. Las balapucas son avispas coloradas que producen miel y acostumbran construir su nido en las salientes de los techos. Los nidos cuelgan como grandes esferas.

46 Agua dulce en Aruba

Frente a las costas de Venezuela, se encuentran las islas de Sotavento:
Curazao, Bonaires, Aves, Roques, Orchila, Tortuga, Margarita, Frailes, Testigos y Aruba. Aruba es una joya: tiene una de las primeras y más importantes plantas desalinizadoras de agua de mar en el mundo. Gracias a ésta, disponen de mucha agua dulce para beber.

47 El jefe Pequeña Concha

Pequeña Concha fue un jefe chippewa que en 1874 acudió a Washington, capital de Estados Unidos, para reclamar ante el gobierno por la expulsión de su pueblo de las tierras donde vivía desde hacía siglos.

Para los chippewas, llamados ojikwas en Canadá, había que ser sabio, generoso, buen cazador y mejor guerrero; poseer poderes sobrenaturales y hablar con propiedad y convicción.

Hoy en día, 60 000 chippewas habitan en los territorios fronterizos de Canadá y Estados Unidos, cerca de los Grandes Lagos, compartiendo en ciudades y reservas lo que les queda de sus antepasados.

48 ¿Haces la yuta?

En Bolivia, a veces, los niños hacen la yuta, en Argentina hacen la chupina o la rabona, en México... se van de pinta. Los chicos traviesos lo dicen de formas diferentes pero es lo mismo: faltar a la escuela e irse por allí, a jugar o de paseo.

49 Alebrijes

El maestro en cartonería Pedro Linares López hizo realidad uno de sus sueños.

Desde los 14 años, en la ciudad de México, Pedro modelaba muñecos de Judas, piñatas, calaveras y máscaras; es decir todo aquello que hace un artesano con el cartón o el papel maché. Pero un día de 1950 —a los 44 años—, mientras guardaba cama a causa de una enfermedad, tuvo un sueño y su vida cambió. En el sueño se le aparecieron animales extraños, algunos de aspecto terrible, que lo acechaban. Los animales pronunciaban además una palabra tan extraña como ellos: alebriiije... alebriiije...

Cuando Pedro despertó, comenzó a reproducirlos en el material de siempre, y para ello requirió de mucha imaginación, porque un alebrije puede nacer burro; al rato convertirse en pez; luego, en serpiente; más tarde, en pájaro y, por fin, en alebrije; es decir, en un animal con rasgos de diferentes animales.

En 1990, el maestro en cartonería ganó el Premio Nacional de Artes y Tradiciones Populares.

Pedro Linares López murió un domingo frío de enero de 1991, pero sus alebrijes ya habían empezado a recorrer el mundo y con ellos la fama del gran artesano.

50 El tímido y el feo

El lagarto cornudo, que vive en Texas, Estados Unidos, es un animal que aprovecha sus colores para esconderse de sus enemigos, disimulándose entre las plantas. Por si esto fuera poco, tiene púas afiladas y escamas duras que lo protegen. Pero este tímido se queda chiquito al lado del basilisco, otro lagarto también americano, de horroroso aspecto. El basilisco es tan hábil que, cuando está en tierra, trepa hasta donde quiere, aferrándose con sus garras; en el agua mueve a tal velocidad sus patas —con forma de remos— que parece que caminara, sin hundirse.

51 Ábaco prehispánico

El cálculo matemático era el fuerte de los sabios mesoamericanos; eso nadie lo duda. Según referencias halladas en códices y murales, ciertos personajes portaban un brazalete que era una eficaz y bella calculadora con la que se podía sumar, restar, multiplicar, dividir e, incluso, sacar raíces cuadradas. Se llamaba nepoualzintzin y se parecía a un ábaco chino; tenía 13 hilos con 7 cuentas cada 1, divididas en grupos de 3 y 4. Se piensa que sus inventores fueron los olmecas, antiguos habitantes del Golfo de México.

50

52 Un retrato muy conocido

Hay muchos retratos famosos; entre ellos se encuentra la fotografía del Che Guevara tomada por el cubano Alberto Díaz, *Korda*.

La imagen —reproducida con las más variadas técnicas en playeras, boinas, prendedores, carteles, libros y muros— es el retrato más difundido en todo el mundo.

52

53 Puna

Puna —que en lengua quechua significa cima— se llama una planicie o estepa herbácea ubicada entre 3 500 y 4 800 metros de altura, en América del Sur. Abarca una gran extensión de tierra que incluye buena parte de Perú y de Bolivia, así como el norte de Chile y Argentina.

Debido al enrarecimiento del aire y lo frío del clima, en la puna es muy difícil cultivar la tierra; sólo crecen pastos duros. La parte conocida como Desierto de Atacama, en Perú, es considerada desierto total. Las escasas plantas que logran sobrevivir, toman humedad de la neblina pues, según dicen, llueve aproximadamente cada 50 años.

54 Los que comen carne cruda

Algunas costumbres de los esquimales demuestran cómo estos habitantes de América del Norte han debido adaptarse a los lugares helados, cubiertos de nieve la mayor parte del año.

Se alimentan de lo que pescan y cazan: osos polares, focas, narvales, zorros árticos, caribúes, conejos. Cuando logran una buena presa —lo que no es a diario—, comen más de 1 kilogramo de carne, cruda y en grandes trozos, de una sola vez. Después, para hacer la digestión, duermen durante varios días, abrigados y protegidos en su casa de hielo, el iglú.

De esta costumbre proviene el nombre que les dieron los europeos, pues la palabra *eskimatic* significa, en idioma algonquino, que come carne cruda.

El pueblo esquimal resiste los fríos intensos gracias a que su dieta, compuesta casi exclusivamente de carne, le brinda muchas proteínas.

55 Cambará para la tos

Los guaraníes son grandes médicos naturistas. Cuando alguien tiene tos, le aplican, a manera de cataplasma, una infusión de hojas de cambará, y ¡santo remedio! El cambará es un árbol frondoso que da florecitas blancas, originario de América del Sur.

54

56 La belleza de Tecún Umán

Mucho se ha escrito de la sorpresa que se llevaron los habitantes de nuestro continente al observar por primera vez a los españoles; ellos eran tan diferentes, además de andar cubiertos con armaduras y montados sobre caballos, animales desconocidos en estas tierras.

Pero ¿qué pensaron de nuestra raza los españoles? Para muestra, un botón: Pedro de Alvarado, el conquistador de Guatemala, libró en El Pinar una batalla contra los pueblos indígenas; ésta es digna de recordarse por las palabras que pronunció.

Sucedió que el cacique Tecún Umán, dispuesto a morir antes que someterse, quiso guerrear cuerpo a cuerpo con Tonatiuh, como llamaban al conquistador. Tecún Umán, adornado con plumas de quetzal y tres coronas, arremetió contra su contrincante, empuñando su lanza de hojas de pedernal; con ésta cortó la cabeza del caballo.

Alvarado también se defendió valerosamente, con su lanza hirió de muerte a Tecún Umán. Entonces, el español observó al agonizante, llamó a sus soldados y les dijo conmovido: "que nunca había visto otro indio tan galán y tan cacique y tan lleno de plumas de quetzales y tan lindas, que no lo había visto en México, ni en Tlaxcala, ni en ninguna otra parte de los pueblos que habían conquistado..."

Desde aquella muerte, el lugar se llama Quetzaltenango, en memoria del indio vestido de quetzal Tecún Umán, quien es reconocido como héroe nacional de Guatemala.

57 Géiser americano

Un géiser es un chorro intermitente de agua que surge en suelos próximos a los volcanes. Pues resulta que del volcán Poás, en Costa Rica, brota el géiser más alto del mundo; alcanza más de 609 metros de altura. Verlo debe ser todo un espectáculo.

57

58 Carta de Bogotá

Es un hecho que los pueblos se unen para tratar problemas comunes. Desde 1890, la gran mayoría de las naciones de América se agrupó para formar la Unión Panamericana; ésta tenía como fin defender los intereses del continente.

En abril de 1948, en Colombia, se reunió la Unión por novena vez y sucedió algo muy importante: la firma de la Carta de Bogotá. En este documento se aprobó que la Unión Panamericana se transformara en la Organización de Estados Americanos (OEA). La OEA se formó con dos objetivos principales: garantizar la seguridad y el desarrollo cultural y económico del continente. Ambas metas siguen en pie hoy en día.

59 ¡Qué bueno el olor de naranjas!

Poesías musicales, que casi casi parecen canciones, son las que crea Juana de América.

Para que se duerman los niños pequeñitos como tu hermano, ella los arrulla con algunas... *Canciones de Natacha:*

¡Pajarito chino
De color añil!
Canta que mi niño
Se quiere dormir.

¡Pajarito chino
De color punzó!
Calla que mi niño
Ya se durmió.

La señora luna
Le pidió al naranjo
Un vestido verde
Y un velillo blanco.

La señora luna
Se quiere casar
Con un pajarito
De plata y coral.

Duérmete mi niña
E irás a la boda
Peinada de moño
Y en traje de cola.

También dedica versos al verano y
al otoño, a los naranjos y
membrillos, a la higuera y al Sol; a
los hijos y a los recuerdos que
huelen a infancia.

Muchachuelo que fuiste a las chacras
y a los árboles amplios trepaste,
como yo me trepaba cuando era
una libre chicuela salvaje...

A mi pueblo distante y tranquilo
naranjales tan prietos rodean,
que en agosto semeja de oro
y en diciembre de azahares
                                blanquea.

Me crié respirando ese aroma
y aún parece que corre en mi
                                sangre.
Naranjitas pequeñas y verdes,
siendo niña enhebraba en collares.

Después lejos llevóme la vida.
Me he tornado tristona y pausada.
¡Qué nostalgia tan honda me oprime
cuando siento el olor a naranjas!

¿Verdad que tú también las hueles
al leer este poema? Juana de
Ibarbourou —Juana de América—
nació en Melo, Uruguay, a fines del
siglo pasado.

60 Ronda de ranas

¿**S**abías que en nuestro continente
hay muchísimas ranas? Y no sólo
eso, sino que algunas son bastante
raras.

Croac... avanza la primera: el
cururú, habitante de la América
tropical, no es una rana cualquiera.
Verás porqué: la hembra carga con
sus hijos en unas bolsitas de su
propia piel que tiene sobre el lomo.

Croac, croac, la segunda se
acerca: es la rana con cuernos, de
América del Sur. Tiene un aspecto
imponente y piensa que la mejor
defensa es el ataque. Cuando algún
enemigo se acerca, empieza a gruñir
muy enojada, se hincha como un
balón y brinca sobre él. Resulta una
buena táctica: hasta animales más
grandes y fuertes procuran evitar su
cercanía.

Croac, croac, croac, ya está aquí la tercera: en la selva de América Central, que es una caja de sorpresas, habita una rana muy especial. ¿Por qué? Pues porque tiene los ojos rojos, casi casi parecen farolitos, y vive sobre los árboles, a cuyas ramas se sujeta con sus patas de ventosa.

Croac, croac, croac, croac, llegó la cuarta: la rana cuatro ojos es bastante curiosa, pues tiene, como indica su nombre, cuatro ojos, dos adelante y dos atrás. ¿Crees que los tiene para ver mejor? Pues no. Tiene los de adelante para ver, y los de atrás... para espantar, porque son de mentiritas. ¡Buen susto se llevan sus enemigos cuando se encuentran con ella! Creen que siempre, siempre, los está viendo.

La quinta rana hace mmmuggg. ¿Por qué? Porque su croac suena como un mugido de toro y puede escucharse hasta 500 metros de distancia. La rana toro —así se llama— vive en América del Norte y, a pesar de ser tan escandalosa, su cuerpo mide no más de 18 centímetros de longitud.

Si sabes de alguna otra ranita, auméntala a la colección.

61 Moros con cristianos

Aunque en España los moros y los cristianos no se llevaban muy bien, en América hacen una pareja deliciosa. ¿Cómo lograron juntarse? Todo sucedió en una receta.

Se necesitan dos tazas de arroz, es decir, de cristianos, y una taza de frijoles negros cocidos —los moros— y cuatro tazas de su caldo. Como moros y cristianos no vienen solos, hacen falta media cebolla, un diente de ajo, sal y aceite para freír. Cuando ya se dispone de los ingredientes, se remoja el arroz en agua fría durante 15 minutos, y se licuan el ajo y la cebolla con un poco de agua. Luego se escurre el arroz, se fríe con el ajo y la cebolla y se le agregan los frijoles con su caldo y la sal. Se dejan cocer hasta que el arroz esté tierno. Entonces, frijol y arroz —moros con cristianos— estarán listos para comerse.

62 Montaña de plata

Los antiguos habitantes indígenas llamaban Tisingal a la población que, en la actualidad, es la ciudad capital de Honduras: Tegucigalpa. Cuando los españoles llegaron a América Central encontraron este poblado, que había sido fundado mucho antes de su arribo. Desde el año 1578 los conquistadores empezaron a residir en la vieja Tisingal y le cambiaron su antiguo nombre por el que tiene ahora: Tegucigalpa, que significa montaña de plata. Y con razón, pues Tegucigalpa está cerca de la mina de plata más importante de Centroamérica.

63 Pájaro paraguas

Se podría pensar en un nuevo modelo de sombrero o gabardina para cubrirse de la lluvia. En esta ocasión es otra curiosidad del mundo animal que vive en Brasil. El pájaro paraguas es un ave que se ganó este nombre porque en su cabeza tiene un copete de plumas en forma de sombrilla o paraguas.

64 Cara de Mono

Con ese nombre resulta difícil adivinar de qué se trata, así que vamos a decirlo: es un valle muy bonito que se antoja visitar; queda en Nicaragua y supimos de él cuando leímos el poema "Cara de Mono" de Iván Uriarte.

A la orilla del río Mico
entre el gluglutear continuo de las
aguas
donde termina la carretera del Rama
se levantan antiguos rostros de monos
labrados con buril sobre las piedras.

En invierno las aguas amarillentas
del río
cargado de tierra vegetal y frutas
reventadas
los inundan,
pero en verano

brotan de nuevo
brillantes y pulidos
a marcar el camino de los botes y
                              canoas
repletos de naranjas
que van a Bluefields y Muelle de los
                              Bueyes.

Cara de Mono es un valle fértil
selvático, sembrado de palmeras
poblado de garzas negras y blancas
de tortugas que toman baños de sol
                sobre las piedras del río
iguanas que se confunden con las
                        hojas de los árboles
nutrias, cusucos, cangrejos.

65 Itaipú, una presa que apresa

Itaipú se llama la presa
hidroeléctrica más potente del
mundo. Se encuentra en el curso del
río Paraná, 20 kilómetros al norte
del Iguazú.
   Las obras se iniciaron sobre el
islote de Itaipú, en mayo de 1964,
pero el agua del caudaloso Paraná
comenzó a mover las turbinas en
octubre de 1982.
   Itaipú es propiedad de Paraguay y
Brasil, y en guaraní quiere decir:
piedra que canta.
   En Brasil, 96% de la energía
eléctrica se produce mediante fuerza
hidráulica.

66 Victoria regia, ¡qué plantón!

En las aguas tranquilas de las lagunas de América del Sur flota orondo un plantón. Se trata de la victoria regia —*irupé*, en guaraní— una planta acuática de vistosas flores blancas con centro rojo y hojas flotantes, redondas y muy grandes que pueden tener hasta dos metros de diámetro. Una sola victoria regia llega a ocupar una superficie de 100 metros cuadrados.

67 Descripción de Temixtitán

"Tiene esta ciudad muchas plazas, donde hay continuo mercado y trato de comprar y vender. Tiene otra plaza tan grande como dos veces la ciudad de Salamanca, toda cercada de portales alrededor, donde hay cotidianamente arriba de 60 000 ánimas comprando y vendiendo; donde hay... joyas de oro y de plata, de plomo, de latón, de cobre, de estaño, de piedras, de huesos, de conchas, de caracoles y de plumas... Hay calle de caza donde venden todos los linajes de aves que hay en la tierra, así como gallinas, perdices, codornices...; y de algunas de estas aves de rapiña, venden los cueros con su pluma y cabezas y pico y uñas... Hay casas como de boticarios donde se venden las medicinas hechas, así potables como ungüentos

y emplastos... Hay casas donde dan de comer y beber por precio..."

Así cuenta Hernán Cortés, en sus *Cartas de Relación*, dirigidas al rey Carlos I de España, todo lo que observó a su llegada a la gran Tenochtitlan (Temixtitán, como él entendió el nombre). En sus *Cartas de Relación*, Cortés escribe de manera muy informativa, pero aun así, sus descripciones contienen el tono de asombro que le causó toparse con esta maravilla.

68 El paisito

Una inmensa pradera siempre verde: así es Uruguay, el paisito, como le dicen sus habitantes, por ser la nación más chica del Cono Sur. La mitad de la población uruguaya vive en la ciudad capital, Montevideo, cuyo nombre significa: veo un monte.

A los paisanos del paisito les gusta tanto el mate —infusión que se prepara con yerba y se chupa a través de un popote llamado bombilla—, que van por la calle cargando un termo con agua caliente. Entonces, aprovechan cualquier momento, mientras esperan el autobús o hacen cola en el banco, para tomarse un mate.

69 La Cordillera Real

Imagina este paisaje: una cordillera con montañas de casi 6 500 metros de altura; sus valles esconden oro en

69

grandes cantidades; los ríos que corren por ellos erosionándolos arrastran partículas del metal kilómetros abajo, de tal manera que después se puede recoger el tesoro en la cuenca del Tipuani.

Esto suena como un relato de buscadores de oro ¿verdad? Sin embargo, tal paisaje es un hecho en la Cordillera Real de Bolivia, llamada así por la gran cantidad del precioso metal que guardan sus rocas. Hoy Tipuani es el primer centro boliviano productor de oro.

IV
Cuando se come pasto del suelo, hay que mirar siempre antes los yuyos para ver si hay víboras.

Éste es el padrenuestro de los venados chicos...

Antes de escribir "La gama ciega" —a la que pertenece el padrenuestro de los venados chicos— y los otros relatos que forman *Cuentos de la selva*, Horacio Quiroga se los narraba a sus hijos —una niña y un niño— de manera oral. Apenas entonces, se sentaba a escribirlos.

Horacio Quiroga nació en Uruguay, en 1878, pero pasó gran parte de su vida en la selva misionera, frente al río Paraná, al norte de Argentina.

Casi todas sus obras para gente grande son serias, tristes y terribles; sin embargo, *Cuentos de la selva* destaca por su sentido del humor y ternura.

70 Cuentos de la selva

I
Hay que oler bien primero las hojas antes de comerlas, porque algunas son venenosas.
II
Hay que mirar bien el río y quedarse quieto antes de bajar a beber, para estar seguros de que no hay yacarés.
III
Cada media hora hay que levantar bien alto la cabeza y oler el viento, para sentir el olor del tigre.

71 Cenotes

"Yucatán es una tierra de menos tierra que yo he visto, porque toda ella es una viva laja."

Así describió en 1560, el franciscano fray Diego de Landa el aspecto de este territorio, ubicado al sureste de México. Y no se equivocó, porque la península de Yucatán está formada por una resistente coraza exterior de piedra caliza que cubre el *sahcab* o roca blanda. Además, es plana y no tiene ríos en la superficie, a pesar de que llueve mucho. Todas estas características hacen que en Yucatán se presente un fenómeno geológico especial: los cenotes. La palabra proviene de *dzonot*, en maya.

Los cenotes son pozos muy hondos —algunos alcanzan 70 metros de profundidad— con agua dulce y fresca para beber y regar durante todo el año. Los geólogos afirman que se formaron cuando la lluvia se escurrió entre las grietas y los poros de la coraza de piedra, hacia el interior y allí disolvió el *sahcab*, formando grandes cavernas. Con el tiempo la pesada coraza se desplomó y descubrió estos grandes agujeros llenos de agua.

Los cenotes se comunican entre sí por medio de ríos subterráneos; por eso el agua nunca se estanca. En torno a ellos —sagrados para los antiguos mayas— se fundaron pueblos y centros ceremoniales; uno de los más renombrados es el de Chichén Itzá.

Diego de Landa agrega:

"Estos cenotes son de muy lindas aguas y muy de ver... por dentro con lindas bóvedas de peña fina y en la superficie sus árboles, de manera que en lo de arriba es monte y abajo cenotes y hay algunos (en) que puede caber y andar una carabela y otros, más o menos."

72 El telescopio de Ica

Hace algunos años, cerca de la provincia de Ica en Perú, un descubrimiento armó gran escándalo.

Se hallaron piedras con grabados extraños; los arqueólogos han dividido sus opiniones respecto a ellas: unos dicen que las imágenes son antiquísimas y auténticas, y otros afirman que son recientes y hechas por algún bromista. Pero ¿qué es lo que se ve en las piedras?

En una de ellas está grabado un indio de los Andes con taparrabo que mira hacia el firmamento a través de un tubo largo, semejante a un rudimentario telescopio. Si la figura se esculpió hace siglos, significa que por aquellos rumbos del Perú se adelantaron a Galileo Galilei, inventor del telescopio. Si el observador es producto de un charlatán para confundir las investigaciones científicas, algún día se comprobará. Lo cierto es que el telescopio de Ica es un misterio más en este continente.

73 Amarillo, negro y blanco

El árbol de algarrobo es originario de Asia. Sin embargo, en Argentina, Chile y Perú crecen algarrobos americanos más grandes que su familiar asiático, como son el amarillo, el negro y el blanco. Todos pertenecen a la familia de las leguminosas, plantas con fruto en vaina. Con la pulpa de estas vainas o algarrobas se preparan licor y golosinas.

74 El legüero

Seguramente conoces el bombo, instrumento de percusión de sonido grave. Pero... ¿conoces el bombo legüero? Es el que se oye a 5 000 metros de distancia, en Colombia y Paraguay; a 4 190 metros, en México; a 5 199, en Argentina; a 5 572, en Guatemala. Es decir, el que se oye a leguas, que significa desde muy lejos. De paso te enteraste que la medida de longitud llamada legua no equivale a la misma cantidad de metros en todas partes.

Pero si seguimos hablando del bombo legüero, te contaremos que es un instrumento de percusión grande y de sonido muy grave, hecho de madera y forrado con cuero, que se utiliza, sobre todo, en Santiago del Estero, Argentina, donde dicen que lo inventaron.

75 Mafalda no se calla

El 15 de marzo de 1962, nació en Argentina un personajito de sexo femenino, melena oscura y abundante, franca, preguntona y discutidora. Se llamó Mafalda y era el alma de una historieta cómica creada por Joaquín Lavado, más conocido con el seudónimo Quino. Mafalda pasó sus primeros años guardada en un cajón, pero en 1964 salió a la luz y se hizo muy popular. Recorrió toda América, España, Francia, Italia, Noruega y llegó hasta Japón, provocando en sus millones de lectores una sonrisa de complicidad.

Claro que Mafalda, como casi todos los viajeros, no andaba sola, con ella iban sus amigos: Susanita, Manolito, Felipe, Miguelito y Libertad; una pequeña familia: papá, mamá y Guille, y otros curiosos que se asoman de vez en cuando a la historieta: la maestra, los jubilados y alguna viejita despistada.

Durante el viaje, el grupo pasó por los sobresaltos de la vida cotidiana: los primeros días de escuela, las vacaciones, un coche nuevo, la televisión y noticias de guerras lejanas.

El 25 de junio de 1973, a los 11 años, 3 meses y 10 días de vida, Mafalda nos dijo adiós para siempre, dejándonos de consuelo releer sus historietas de vez en cuando.

76 Arpa para el agua

Los habitantes del desierto de Atacama, al norte de Chile, se han ingeniado muy bien para conseguir agua. Ellos construyen marcos de madera de un metro cuadrado y a cada uno le entrelazan hilos de nailon, de tal forma que parecen arpas. Pues bien, con ellas recogen agua de la niebla que sube del mar; ésta se condensa en los hilos e inmediatamente la vierten en recipientes. Al día, los habitantes de Atacama recogen hasta 18 litros de agua, aproximadamente, por cada arpa.

77 Teru teru: un pájaro que despista

¿Conoces los teros? Son unas simpáticas aves zancudas que habitan en América del Sur. Cuando la hembra incuba los huevos, el macho vigilante hace un escándalo a la menor señal de peligro y comienza a gritar teru-teru-teru-teru; entonces la hembra —para engañar al intruso— levanta el vuelo y se asienta en otro sitio, simulando que allí empolla sus huevos.

Como ves, el tero es un buen guardián y mejor fingidor. La gente del campo lo festeja con una canción que dice así:

A la güeya, güeyita,
sé como el tero
ande naides malicia
ahí pone el huevo.

78 Escalinata de los jeroglíficos

La ciudad maya de Copán se encuentra ubicada sobre el río del mismo nombre, justo en la frontera

un dios o algún personaje importante.

Copán tuvo su época de florecimiento hacia el año 700 de nuestra era y, lo mismo que otras ciudades mayas, fue abandonada en el año 1 000.

La UNESCO la declaró Patrimonio de la Humanidad.

79 Muy abrigado

¿Usarías
un vestido
hecho
de león marino?

Te lo acepto
si lo haces
de puritito
intestino.

¿Te gustaría tener ropa hecha de tripa de león marino?

Para los habitantes de las islas Aleutianas —situadas entre Alaska y Siberia, en el Océano Pacífico norte— el león marino es una presa codiciada, porque los provee de alimento y protección. Con los intestinos, los aleutas confeccionan un vestido-capucha, completamente impermeable, que no deja pasar el viento ni de casualidad, además usan las aletas para fabricar las suelas de las botas con las que se meten al agua cuando pescan.

Con estas prendas, pueden reírse del frío, del viento y de las tormentas.

de Honduras con Guatemala. Fue la segunda ciudad maya en importancia ya que allí se reunían los sacerdotes y los mejores astrónomos.

Las esculturas de Copán y su juego de pelota, son los que se encuentran en mejor estado en Mesoamérica.

Si hay algo que llama la atención en Copán es la escalinata de los jeroglíficos. Parte de una de las explanadas hacia la pirámide de la cima y sus peldaños están decorados con jeroglíficos. Cada diez escalones había una estatua que representaba

79

80 Casas largas

Los salish —antiguos habitantes de la costa del Pacífico, en Canadá— vivían en casas largas e irregulares, con paredes y techos de cedro rojo, sostenidos por postes de esta misma madera. Cada una era casi un poblado, porque en sus habitaciones vivían numerosas familias pertenecientes a un mismo clan; es decir, emparentadas entre sí. En 1808, un viajero, que pasaba por lo que hoy se llama la isla de Vancouver, encontró una casa de cerca de 250 metros de largo, algo así como dos cuadras y media.

81 Pascua, otro ombligo del mundo

En el Océano Pacífico, a casi 3 700 kilómetros al oeste de Chile, está la Isla de Pascua o Rapa Nui, como la llaman sus habitantes desde tiempos remotos. Rapa Nui significa: ombligo del mundo. Y este ombligo guarda enigmas que quizá nunca se resuelvan.

Según la leyenda, la isla fue poblada por primera vez por el rey Hotu Matua y su séquito de sabios, sacerdotes, guerreros, artesanos, campesinos y pescadores; ellos venían huyendo por mar de otra tierra que sería destruida por una catástrofe natural. El rey Hotu Matua trajo consigo 64 tablillas con jeroglíficos: la escritura rongo rongo que aún no ha sido descifrada. En la isla se conservan 24 de esas tablillas, otras están en Chile y el resto en varios museos del mundo.

Los habitantes dicen que el alma de Rapa Nui está representada por los moais. Éstos son esculturas que semejan hombres, de 8 a 12 toneladas de peso y que llegan a medir hasta 22 metros de altura, casi como un edificio de 6 pisos; muchos de ellos lucen sombrero de lava roja. Hay más de 1 000 moais adornando la isla; algunos están sobre las tumbas o en la costa, como mirando el mar; si bien hay algunos semidestruidos, la mayor parte se halla en buen estado; uno, incompleto, apenas iba a salir de la fábrica: la roca del monte Rano Raraku.

La presencia de estas esculturas deja al aire muchas preguntas: ¿cómo las transportaron desde el monte a toda la isla?, ¿para qué las hicieron?, ¿cuánto tiempo tardaron en fabricarlas?

Los pascuenses dicen esto al referirse al alma de la isla: "Los moais caminaban solos, gracias a una fuerza real pero invisible."

82 Yapa

Si compras 1 kilogramo de mandarinas y pides la yapa te dan una más. El vendedor te entiende si vives en algún país de América del Sur, pues esta palabra proviene de *yaponi*, que significa añadidura, en lengua quechua.

En cambio, si eres mexicano debes pedir tu pilón.

La palabra yapa también se usó en minería para nombrar el azogue que se agregaba a la plata mientras se beneficiaba el mineral.

83 Un poeta en Barlovento

En un rincón del Caribe están las Antillas Mayores; en otro, las Antillas Menores. Entre éstas se hallan las islas de Barlovento que, por ser islas, casi todas llevan hermosos nombres femeninos: Guadalupe, María Galante, Martinica, Dominica, Santa Lucía, Granadinas, Granada y San Vicente.

El 23 de enero de 1930, en Santa Lucía —una colonia británica— una antillana descendiente de africanos, autora de obras teatrales, y un inglés, amante del teatro, tuvieron gemelos: Roderik y Derek. No sabemos mucho de Roderik pero estamos muy bien enterados de que a Derek le gustaba hacer poesías y pintar. A los 18 años ya había publicado el libro *25 poemas* y podía ostentar unos cuantos óleos y acuarelas.

Hoy, Derek Walcott es famosísimo porque ha recibido el Premio Nobel de Literatura 1992. Su obra, en inglés, dice mucho de los isleños, de Santa Lucía y del mar verde como una turquesa. Éste es un fragmento, traducido al español, de su poesía "América Central".

Niños en camiseta vadean con las
                    piernas corvas,
pequeños camarones pandos bajo su
                    ombligo.
Los dientes de los viejos son tocones
          de selva calcinada.

Sus pieles raspan como el cuero de
                    una iguana;
su vista fija como las piedras
                    pizarreñas.
Mujeres en cuclillas junto al solaz
                    del río
donde los niños chapotean con el
                    agua a la rodilla.
Y una vara salpica chispas de
                    mariposas.
Allá arriba, en azules extensiones de
                    selva,
vuelan moscas en círculo sobre sus
                    padres.

84 Cerquita del Paraíso

En una novela de caballería, *Las sergas de Esplandián*, el autor dice: "Sabed que a la diestra mano de las Indias hay una isla, llamada California, muy cerca del paraíso terrenal..."

Cuando los exploradores españoles arribaron a la región ubicada al oeste de América del Norte, vieron que era tan bella, fértil, rica en animales, plantas, frutos y minerales de toda clase... que pensaron haber encontrado esa tierra de fantasía, cercana al paraíso y le pusieron de nombre California.

En California abundan los yacimientos de oro: durante 1849, 100 000 mineros, que llegaron de todas partes atraídos por la ilusión de enriquecerse rápidamente, extrajeron este metal por valor de 41 millones de dólares. Debieron pensar que en efecto estaban cerquita del paraíso.

85 Axolote, el siempre joven

En náhuatl, el idioma de los antiguos mexicanos, *axolote* quiere decir: juguete del agua. Pues bien, éste es el nombre de un anfibio único en el mundo.

Mientras el axolote vive en su hábitat natural —las aguas de los canales de Xochimilco, Tláhuac, Tulyehualco y Chalco, en el Valle de México— permanece siempre en estado infantil, semejante al del renacuajo, y como éste, respira por branquias. Cuando cambia de ambiente, el axolote se transforma por dentro y por fuera, convirtiéndose en una salamandra, y como tal, con respiración pulmonar.

Pero aquí no se acaba la historia: aunque se encuentra en estado infantil, el axolote puede reproducirse como si fuera un animal adulto y así mantener las aguas de los canales pobladas de anfibios... únicos en el mundo. También se le conoce como ajolote.

86 Ochenta chasquis por viaje

Los incas del Perú tuvieron un sistema de correo muy organizado; los mensajeros se llamaban chasquis. Una de sus tareas era, por ejemplo, llevar pescado fresco de la costa hasta el Cuzco, la ciudad imperial. Para esto, tenían que viajar 320 kilómetros en dos días; el recorrido se hacía por relevos, es decir, cada 4 kilómetros había un chasqui listo para recibir la carga de su compañero anterior. En total: 80 chasquis se necesitaban para cada entrega. El pescado se conservaba fresco gracias a que lo envolvían en algas para después meterlo en bolsas de lana de llama.

86

87 Pies arriba-norte, manos abajo-sur

¿Es la clave de algún mapa de piratas? ¿Son ejercicios de aerobics? ¿Es un poema descabellado? Son, simplemente, las coordenadas donde puedes localizar unas pinturas rupestres.

Poco se conoce de este arte americano, porque apenas se han descubierto algunas cuevas con pinturas. Para nuestra fortuna, en el continente hay dos lugares, muy distantes entre sí, que cobijan el testimonio artístico de los primeros pobladores de estas tierras.

Ahora, a descifrar las coordenadas.

Pies arriba-norte: observa un mapa de América y localiza hacia arriba o norte el estado de Baja California Sur, México. En 1990, en el municipio de Comondú, se descubrieron en una cueva pinturas coloridas de lobos marinos, tortugas y focas. Lo más interesante es que también están pintadas miles de plantas de pies pequeños. Este hallazgo inspiró a los arqueólogos para bautizar el lugar como Pies de Niños. Las huellitas se dirigen hacia el sur de la península.

Manos abajo-sur: ahora localiza el sur de Argentina hacia abajo del mapa. En este lugar se descubrió una cueva que tiene los muros cubiertos con huellas de manos. Al estudiarlas, pudo comprobarse que los artistas utilizaron dos técnicas: coloreaban la palma de sus manos apoyándolas después sobre la pared o ponían la mano limpia y soplaban pintura en polvo por su contorno usando un tallo hueco como si fuera un popote.

Este museo rupestre se llama La Cueva de las Manos Pintadas. En América, pies y manos fueron de las primeras figuras que representaron nuestros pintores ancestrales, casi como si hubiera sido un juego de infantes.

88 La broma no daña al capá

El capá es un árbol que crece en las Antillas; su madera es muy resistente y se usa para construir buques. Ahora bien, aunque suene a burla, se dice que la broma no lo daña, porque ésta es un molusco con unas mandíbulas fortísimas capaces de perforar cualquier madera que encuentran sumergida. Pero la madera del capá es tan fortachona, que la broma, ni de chiste, puede morderla.

89 Y todo se quemó

En 1848, Alfred Wallace se encontraba muy lejos de su patria. Nacido en Usk, Inglaterra, 25 años atrás, el joven había viajado a la selva amazónica, en el corazón de América del Sur.

Alfred era biólogo y había recorrido esa distancia con el fin de recolectar plantas y animales para estudiarlos. Ayudado por los pobladores de la región —especialmente los niños—, Alfred pudo reunir una gran colección, pero la suerte no lo ayudó: en 1852, cuando regresaba a Inglaterra, el barco se quemó y Alfred perdió su preciado equipaje.

Afortunadamente, la experiencia vivida y las notas que había tomado le permitieron crear una teoría. Ésta explica los cambios que sufren los seres vivos con el paso del tiempo y cómo logran sobrevivir los más aptos.

Resultó que, después de su viaje a la selva amazónica, Alfred Wallace llegó a la misma conclusión que su compatriota Charles Darwin, considerado el padre de la teoría evolucionista.

90 Isla saludable

"Mente sana, cuerpo sano", dice el refrán. A partir de su revolución, en 1959, los cubanos sanearon su mente y su cuerpo gracias al desarrollo del sector salud, reconocido mundialmente.

Los servicios médicos son gratuitos y de primera; además, la isla cuenta con trabajos de investigación muy avanzados para prevenir enfermedades, combatirlas o efectuar operaciones quirúrgicas.

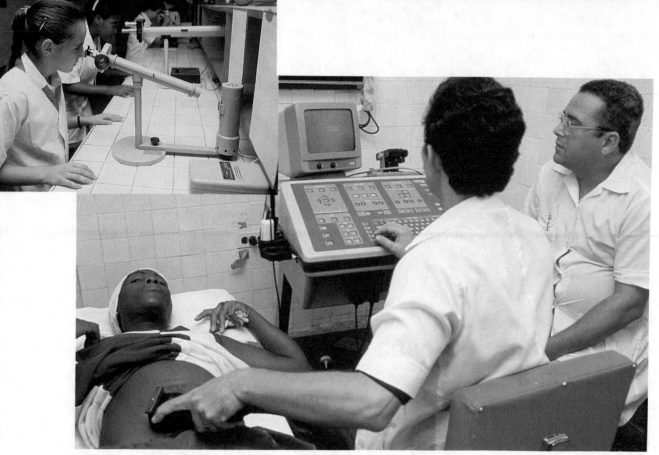

90

Cuba es uno de los pocos países del mundo con un índice muy bajo de mortalidad infantil: 10.7 por cada mil niños nacidos vivos. Los cubanos también inventaron la medicina para curar el vitiligo, esas manchitas blancas que salen en la piel, o aquel otro medicamento hecho a base de polen de las flores, ideal para fortalecer las encías de los adultos si tienen los dientes flojos. Y para la migraña, esas punzadas en la cabeza que casi hacen desfallecer, es el vino de lechuga, también patentado por los isleños. En cuanto a medicina deportiva, han fabricado productos alimenticios para los atletas de alto rendimiento: benefician la musculatura, combaten la anemia, aportan sales y minerales perdidos durante la sudoración excesiva. En poco tiempo habrá comestibles de este tipo para toda la población. Estos productos recibieron un premio de la FAO y están registrados con el nombre de Supernutrientes As. Ahora los atletas también se verán favorecidos con otro invento: un rayo láser de baja potencia para tratar las lesiones.

¡Salud por la isla saludable!

91 Maúlla en vez de rugir

Desde el sur de Estados Unidos hasta la Patagonia, en Argentina, vive un felino que, si bien no es un gato casero, podría serlo, porque no ataca al hombre y puede domesticarse con facilidad.

Es el mundialmente famoso puma —voz de la lengua quechua—. Animal robusto y esbelto a la vez, tiene 65 centímetros de altura y entre 1 y 1.5 metros de largo; su piel pachona es de color leonado, pardo o grisáceo con la panza y el hocico blancos. Los conquistadores lo llamaron león americano o plateado, pero la verdad, ni tiene melena ni es tan grande como el ejemplar africano. Le gusta subirse a los árboles pero lo hace saltando y no trepando como otros animales; es buen cazador de caballos y venados y su peor enemigo es el perro.

El puma maúlla en vez de rugir. Si fuera nuestra mascota, no nos despertaría un rugido amenazante y sí un maullido, más potente que el de un gato doméstico, pero maullido al fin. Si bien el puma puede ser buen amigo del hombre, ahora sólo vive en tierras montañosas tratando de esconderse porque siempre hay cazadores impertinentes a su acecho.

92 César Vallejo

Pocos han trabajado la lengua española con tanta originalidad y perfección como el indio peruano César Vallejo. Dicen que no escribió para niños, pero a veces la poesía es para quien quiera leerla, para quien quiera escucharla, aunque sean... "Pasos lejanos":

Mi padre duerme. Su semblante augusto
figura un apacible corazón;
está ahora tan dulce...;
si hay algo en él de amargo, seré yo.

Hay soledad en el hogar; se reza;
y no hay noticias de los hijos hoy.
Mi padre se despierta, ausculta
la huida a Egipto, el restañante adiós.
Está ahora tan cerca;
si hay algo en él de lejos, seré yo.

Y mi madre pasea allá en los huertos,
saboreando un sabor ya sin sabor.
Está ahora tan suave,
tan ala, tan salida, tan amor.

Hay soledad en el hogar sin bulla,
sin noticia, sin verde, sin niñez.
Y si hay algo quebrado en esta tarde,
y que baja y que cruje,
son dos viejos caminos blancos, curvos.
Por ellos va mi corazón a pie.

César Vallejo no siempre escribió de su dolor; también escribió del dolor de los otros. Y mucho más: cuando tenía 28 años, pasó tres meses en la cárcel, acusado de haber participado en una revuelta popular durante las fiestas de Santiago de Chuco, su ciudad natal.

Perseguido, desterrado y pobre, murió en París, en 1938.

93 Caminos de agua

El río Amazonas, el Orinoco y sus afluentes, en América del Sur, forman la red fluvial más grande del mundo. La existencia de estos caminos de agua hace suponer que los antiguos habitantes de esa vasta región se desplazaban en sus canoas con bastante facilidad, estableciendo así una red de comunicación y comercio fluvial muy extensa.

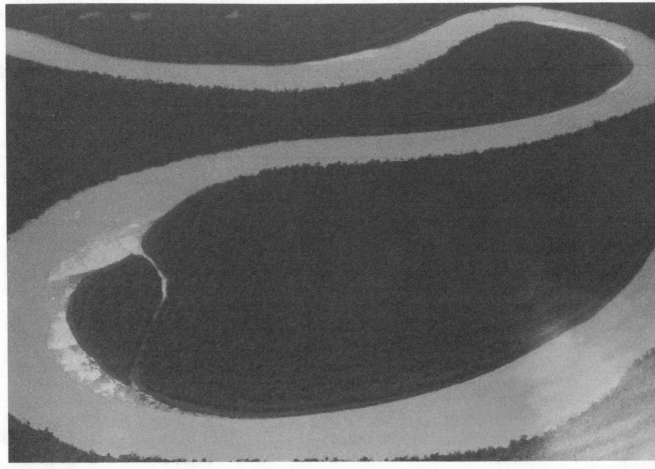

94 María Gorda

Para hacer una María Gorda, se necesita media taza de harina de maíz o maicena, medio litro de leche (a falta de leche, buena es el agua), media taza de azúcar o miel y una raja de canela.

Primero, se disuelve la harina en una taza de leche; segundo, en una cazuela, se mezcla el resto de la leche con el azúcar y se ponen sobre el fuego; tercero, cuando la mezcla está a punto de hervir —mientras se revuelve con una cuchara de madera— se le agrega el contenido de la taza y la raja de canela; y cuarto, se continúa revolviendo durante unos 15 minutos y ya queda lista una María Gorda.

Una María Gorda no es otra cosa que un atolito de maíz, delicioso y nutritivo.

El atole nació en América antes de la llegada de los europeos; se hacía con harina de maíz y agua y se le podía agregar miel, cacahuate, vainilla, cáscara de cacao, frijol, piña... Hoy en día, las combinaciones han aumentado... ¿Qué le agregarías tú?

95 Platanero

En Cuba y Puerto Rico vive el platanero o, mejor dicho, allí el platanero hace de las suyas. Ni creas que es un señor que cultiva plátanos, quien los vende o se los come.

Se llama platanero un viento que sopla moderadamente pero que, a pesar de su suavidad, tiene suficiente fuerza para desarraigar los plátanos del platanar. ¿Será que no le gustan?

96 Enriquillo

Enriquillo fue un personaje singular; de esos que deben figurar en todos los libros de historia y que por secretas razones no está.

Antes de la llegada de los europeos, la isla de Santo Domingo se llamaba Haití, que en el lenguaje de los isleños significa tierras altas. Enriquillo había nacido en esas tierras altas y era todo un cacique; llevaba buenas relaciones con los españoles, tanto, que estudió con los sacerdotes franciscanos. Sin embargo, un día de 1520 todo cambió: su esposa fue ultrajada por un blanco que la Audiencia se negó a condenar. Enriquillo decidió rebelarse contra el poder colonial y desde la sierra de Bahoruco, organizó un ejército de indios y esclavos cimarrones que tuvo en jaque durante 13 años a las fuerzas españolas. El rey Carlos V, habiendo agotado todos los recursos para vencerlo, decidió arrasar el territorio controlado por Enriquillo y fue el sacerdote fray Bartolomé de las Casas quien convenció al cacique que capitulara. Las condiciones no fueron del todo malas ya que se liberaron muchos rebeldes.

Algunos historiadores consideran a Enriquillo el primer insurgente de América.

97 Un tiempo muy largo

Los antiguos mayas crearon un sistema muy exacto para medir el paso del tiempo; entre sus unidades estaban el tun, que equivale a un año y corresponde a 18 meses de 20 días más 5; el katún (20 tunes) de 144 000 días. Pero el múltiplo mayor era el alautún, compuesto por 23 040 millones de días, es decir, poco más de 63 millones de años.

Aún en pleno siglo XX resulta un misterio el alautún: ¿para qué necesitaban los mayas esta unidad de tiempo que va muchísimo más allá del origen del hombre?

A esta pregunta viene a mi mente un fragmento del poema "Oda a los números" del chileno Pablo Neruda:

Tuvimos, hombre tiempo
para que nuestra sed
fuera saciándose,
el ancestral deseo
de enumerar las cosas
y sumarlas,
de reducirlas hasta
hacerlas polvo,
arenales de números.

98 El faro de Centroamérica

Es común que en los puertos y en las costas peligrosas haya un faro para orientar a los barcos. Pero no es común que la naturaleza instale su propio faro. ¿O sí?

En El Salvador, en Centroamérica, hubo uno. El volcán Izalco —activo hasta 1957— que se encuentra a 40 kilómetros del océano, arrojaba cada 8 minutos altísimas columnas de gas, polvo, piedras y lava. A pesar de la distancia, los marineros que navegaban por el Atlántico podían observar este faro natural durante la noche.

99 La maldición de Atahualpa

Los muros de la ciudad del Cuzco, en Perú, se construyeron con enormes piedras pulidas, encajadas tan perfectamente que ni una aguja puede penetrar en las ranuras.

Cuando el español Pizarro y su pequeño ejército ocuparon el Cuzco, muchos de los edificios coloniales se erigieron sobre esos muros inquebrantables. Tal es el caso del convento de Santo Domingo, construido sobre el Coricancha, donde se hallaba el templo del Sol. Pues bien, un día, un terrible terremoto sacudió la ciudad derrumbando, entre otras cosas, el convento. Lo sorprendente fue que sólo cayeron los muros superiores, en tanto que los incaicos permanecieron en pie.

Los indios decían que ésa era la maldición de Atahualpa, el emperador inca asesinado por Pizarro.

100 Tamanduá

—¿Quién es el tamanduá?
—Es el yurumí...
—¿Y quién es el yurumí?
—Es el oso bandera, pues.
—Y ¿quién es el oso bandera?
—El oso hormiguero americano.

El tamanduá, yurumí, oso bandera u oso hormiguero americano es un cuadrúpedo sin dientes que vive en América del Sur. Tiene una trompa bastante larga, afinada hacia el extremo, que puede introducir en los hormigueros para obtener su deliciosa comida: miles y miles de hormigas, del color y tamaño que sean.

No tiene dientes... ¡pero qué bien se alimenta!

100

101

101 Moneda sabrosa

Cuenta la leyenda náhuatl que el jardinero del edén donde vivían los hijos del Sol quiso hacer un precioso regalo a los hombres. Fue así que trajo a la tierra semillas del árbol de cacao o *quacahoatl*, que significa manjar de dioses. ¡Qué buena idea! ¿verdad?

Los aztecas preparaban una bebida a modo de refresco con el cacao y también usaban los granos como moneda. Actualmente se hacen con ellos las exquisitas golosinas que tanto disfrutamos todos, pues... ¿a quién no le gustan los chocolates?

Esta planta, originaria de América tropical, requiere de clima cálido y húmedo.

Bebo cacao:
con ello me alegro:
mi corazón goza,
mi corazón es feliz.

Nezahualcóyotl

102 "Foto"

Los rostros que aquí ríen en esta
foto amarilla
con un fondo de olas borrosas y una
roca borrosa
¿a dónde estarán riendo ahora —si
todavía se ríen—?
Unos estarán lejos. Las muchachas
están viejas.
Mauricio ya está muerto. Sólo este
mar está lo mismo.
Sólo las olas no han cambiado:
es la "Peña de los Novios"
y todavía están las mismas olas
frescas reventando.

Ernesto Cardenal, poeta y
sacerdote nicaragüense de este siglo,
es el autor de "Foto". Cardenal
cuenta que la poesía le gustaba
desde pequeño y que recitaba sus
propios versos aún antes de saber
escribir. Estudió la carrera de
filosofía y letras en la Universidad
Nacional Autónoma de México y
después se dedicó al sacerdocio.
Ernesto ha apoyado la revolución
nicaragüense y la idea de que la
Iglesia católica debe estar con la
causa de los pobres. Por
considerársele un sacerdote
revolucionario, la Iglesia lo sancionó
prohibiéndole administrar los
sacramentos. La poesía de Ernesto
Cardenal expresa desde reflexiones
acerca de la ciencia y el universo,
pasando por la historia de América,
el amor, la crítica social, hasta las
cosas cotidianas como las que
escribe en su "Foto".

103 Pelé

¡**P**elééé, pelééééé!... le gritaba un
niño a otro que estaba jugando con
muchos bríos al futbol. Esto sucedió
en una playa de Brasil, hace más de
50 años y nunca nos enteramos del
nombre del niño gritón; sin
embargo, el del pequeño futbolista
se hizo famoso en el mundo entero.
Se llama Edson Arantes do
Nascimento.

A Edson no le cayó nada bien que
le dijeran pelé; tal vez, porque podía
significar peleador, pero se quedó
con el apelativo para siempre.

Pelé participó en cuatro
campeonatos mundiales de futbol,
de los cuales su equipo —el
brasileño— ganó tres. La
consagración como tricampeón
ocurrió en México, en 1970;
entonces, toda la tribuna gritaba
como aquel niño desconocido:
¡Pelééé!... ¡Pelééééé!

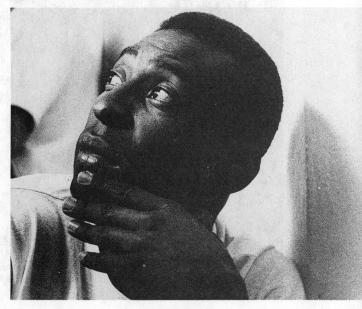

104 Islas de paja

En el lago Titicaca, en Perú y Bolivia, existen unas islas muy originales. Son de totora, una especie de paja que crece en las orillas. Sus constructores entrelazan y aprietan los tallos hasta formar un grueso tapete flotante, capaz de soportar varias viviendas, hechas del mismo material.

105 ¿Qué es?

"...algo semejante a un asno, algo parecido a una vaca y completamente diferente de cualquier animal..."

De esta manera lo describió el viajero francés, Jean de Léry, quien recorrió el Brasil durante el siglo XVI.

¿Qué animal es? Tiene el hocico

semiprensil, corto y tieso, alargado como trompa; tiene cuatro dedos en las patas anteriores y tres en las posteriores; come hierbas y mide dos metros de largo por apenas uno de altura.

El inquieto viajero se había topado con el tapir brasileño.

106 El Zorzal Criollo

El zorzal es un pájaro americano que canta muy bonito. Por compartir con él esta cualidad, a Carlos Gardel —compositor e intérprete de tangos— le llamaron *El Zorzal Criollo*.

Gardel nació en Toulouse, Francia, a fines del siglo pasado, pero pasó casi toda su vida a orillas del Río de la Plata, en Buenos Aires, Argentina. Con su voz afinada y dulce y su estilo tan personal (Gardel pronunciaba la n como r) se hizo famoso en América y en Europa. Para quienes no lo conocieron, todavía andan circulando por allí películas como *El tango en Broadway* y *El día que me quieras*, donde perduran, además de su voz, su silueta galante y su cabello reluciente.

Mi Buenos Aires querido, Volver, Melodías de arrabal, son tangos de su autoría que se oyen a menudo en la radio.

Voz, carisma y una muerte trágica, ocurrida en 1935 en un accidente de aviación cuando llegaba a Medellín, Colombia, bastaron para convertir a *El Zorzal Criollo* en un mito.

107 Pies Grandes

Muchos habitantes de Canadá juran y perjuran que Pies Grandes existe; dicen que es un gigante cubierto de pelo, hediondo y que camina erguido sobre sus dos patas traseras igual que nosotros. ¿Será así? Se han encontrado numerosas huellas de Pies Grandes, pero casi nadie lo ha visto, pues al parecer es muy tímido y se aleja de los humanos.

En 1977, un miembro de la Asamblea Legislativa de la Columbia Británica presentó un proyecto de ley para protegerlo, pues temía que la especie estuviera en riesgo de desaparecer. ¿Protegía una leyenda o una realidad?

En esta región también le llaman Sasquatch, y los indios chehalis, que viven cerca del lago Harrison, prefieren decirle Dsonoqua.

108 La segunda barrera

La barrera de arrecifes coralinos más larga del mundo se encuentra al noreste de Australia, en el Océano Pacífico.

La que le sigue en longitud, se halla mucho más cerca de nosotros ya que se extiende desde Cabo Catoche, en la península de Yucatán, México, hasta el corazón del Caribe, frente a las costas de Belice.

109 Un dios que nunca falta a la cita

En el centro ceremonial maya de Chichén Itzá, en Yucatán, México, desde el mediodía hasta la puesta de Sol, en los equinoccios de primavera y otoño, la sombra de una enorme serpiente desciende de una pirámide y se desvanece en el suelo. Es la sombra de una escultura de piedra que sirve de barda a una escalera y representa al dios maya tolteca Kukulcán, la serpiente emplumada. Según algunos arqueoastrónomos, la pirámide y la escultura fueron construidas poco antes del 830 de nuestra era, año en que coincidieron un gran acontecimiento de la cultura maya con otro muy importante de la cultura tolteca: el final del periodo mayor del calendario y el ritual del Fuego Nuevo, hechos que tenían lugar cada 52 años.

Así, desde aquella memorable fecha, el dios Kukulcán desciende de la pirámide todos los 21 de marzo y los 21 de septiembre, siempre y cuando las nubes no cubran el cielo.

También suele descender, en luna llena, días después de los equinoccios.

110 Oso de anteojos y corbata

Es imposible que un oculista haya tenido como paciente a un oso. Sin embargo, el oso de anteojos no es un espejismo; existe y, de remate, en nuestro continente. Vive en las montañas y mesetas andinas de Sudamérica, donde recibe el nombre de ucumarí. La apariencia del ucumarí es como la de cualquier oso negro y mide casi 1.10 metros de longitud, pero se distingue de sus peludos parientes porque alrededor de sus ojos tiene unos círculos amarillos o blancos que parecen anteojos. En muchos ucumarís las manchas de los ojos se continúan por el rostro con diferentes formas y van hacia abajo por el cuello y el pecho, como si trajeran corbata. A este animal tan arregladito también lo llaman oso de los Andes.

111 Cuzco, un ombligo con historia

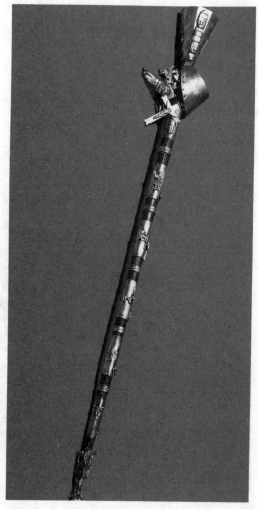

111

Si bien el ombligo es una pequeña cicatriz en medio de la panza, no podemos olvidar que antes de nacer, cuando aún estábamos en el útero materno, era la puerta por donde entraba la vida al cuerpo. Tal vez por esto, para muchos grupos étnicos americanos, el ombligo es algo importante.

Cuzco —la capital del imperio incaico o Tahuantisuyu, en Perú— quiere decir ombligo, en quechua.

Su plaza principal estaba cubierta con arena de las playas del Pacífico y tierra de las selvas, para simbolizar los límites del reino; de ella partían cuatro calzadas que llegaban a las cuatro regiones en que se dividía el Tahuantisuyu.

El Cuzco se fundó en el siglo XII de nuestra era, cuando el bastón de oro que portaban Manco Cápac y su hermana, hijos del dios Viracocha, se enterró en el suelo fértil del valle.

112 ¿Tierra del Fuego o Tierra del Hielo?

Cuentan que cuando Magallanes exploraba las costas atlánticas de América del Sur, observó fogatas en las islas. Por eso las llamó Tierra de los fuegos.

Fue en este viaje cuando descubrió el estrecho que hoy lleva su nombre, Estrecho de Magallanes, que une los océanos Atlántico y Pacífico.

La Tierra del Fuego es el archipiélago más austral del mundo y está formado por la isla del mismo nombre y otras como la Santa Inés y la Desolación. Frío, hielos, glaciares y vientos huracanados son sus características. ¿No crees que un nombre más adecuado hubiera sido Tierra del Hielo? Estas islas pertenecen a Chile y Argentina.

113 Un caracol para mirar el cielo

En el norte del antiguo país maya —éste tenía 325 000 kilómetros cuadrados de superficie— entre las ruinas de un centro ceremonial muy importante, Chichén Itzá, se yergue un inmenso caracol de piedra. No lo construyó la naturaleza como sucede con los caracoles del mar, sino las manos de cientos de albañiles, a fines del siglo IX de nuestra era.

El Caracol es un observatorio extraordinario, único en la región por su perfecta forma circular; desde su cámara superior los astrónomos observaban claramente diversos fenómenos celestes.

El Caracol es una torre redonda de 12 metros de diámetro, que se encuentra sobre una plataforma de 3 500 metros cuadrados. Está formado por dos anillos concéntricos y un cilindro central que crean un espacio interior de dos cámaras. En el cilindro nace una escalera de

113

caracol (de ahí le viene el nombre) que lleva al piso superior donde se encuentra la cámara de observación. Ésta tiene tres aberturas angostas y largas que permiten contemplar sucesos astronómicos como posiciones de la Luna y Venus —astros muy importantes para los mayas— y la puesta de Sol en el equinoccio del 21 de marzo (comienzo de la primavera en el hemisferio norte). En el territorio maya existen otros observatorios importantes, uno de ellos en la antigua ciudad de Uaxactún, en la selva de Guatemala, y otro, en Palenque, en el estado mexicano de Chiapas.

114 Cumbia, ¡qué buen ritmo!

*...y al compás de la caña
una negra se amaña
es la negra Soledad
la que baila esta cumbia...
...esa negra que hace bulla
con su pollera colorá...*

La cumbia es una danza popular de origen afroantillano, que nació en la región caribeña de Colombia. Tiene un ritmo pegadizo y alegre, que invita a mover los pies, los brazos, ¡todo el cuerpo! Esta música se toca con tambora y güiro.

...se va el caimán, se va el caimán, se va para Barranquilla...

115 Blanco, negro y rojo

¿Son los colores de un banderín? Pues casi, casi, pero es un banderín vivo y con alas. Se llama baguarí —palabra guaraní— y es un ave zancuda que habita en Argentina, Paraguay y Uruguay. Se parece a la cigüeña y mide casi un metro de altura. Ahora bien, comparo al baguarí con un lindo banderín por la combinación de sus colores: su cuerpo —todo blanco— contrasta con las alas y cola negras y, para rematar, tiene las patas rojas.

116 Los misquitos, algo especial

En la costa atlántica de Nicaragua viven los misquitos, también conocidos como mosquitos, un grupo étnico con una historia muy especial. A principios del siglo XVI, un barco cargado de esclavos africanos chocó contra unos arrecifes en el Mar Caribe. El barco naufragó y sus ocupantes nadaron hasta la costa, donde vivían los bawihkas, quienes recibieron con los brazos abiertos a los náufragos. Con el tiempo dieron origen a un nuevo grupo al que se sumaron esclavos prófugos. Así nacieron los misquitos, quienes, durante un buen tiempo, tuvieron en jaque a los españoles con las armas de fuego que les vendían los piratas que andaban merodeando por allí.

Rubén Darío, poeta nicaragüense de fama mundial, tradujo a nuestro idioma este poema misquito.

Canción mosquita

Káker miren nene, warwar
páser y amne Krouckan...
Lejos me voy de ti, querida niña.
¿Cuándo nos volveremos a
                          encontrar,
vagando nuevamente por la orilla
                  del azulado mar?

Siento que soplan, que mi sien
                          orean
ya las auras marinas, al pasar,
y a lo lejos escucho, melancólico,
del trueno el retumbar.

La luz, arriba del lejano monte,
veo que alumbra lo que abajo está
con sus claros fulgores; pero ¡ay
                          duelos!
tú a mi lado no estás.

Tengo mi corazón triste y lloroso,
y desolado vivo en mi dolor...
Tengo mi corazón lloroso y triste,
querida niña... ¡Adiós!

117 Caoba codiciada

La caoba —oriunda de las selvas tropicales de nuestro continente— es el árbol nacional de la República Dominicana. Su madera durísima y de color rojizo la convierte en un material codiciado por los ebanistas. Además, no la daña la carcoma marina. Para la batalla de Trafalgar, un capitán hizo construir un buque de caoba.

116

118 Artigas y la Patria Grande

El uruguayo José Gervasio Artigas dedicó buena parte de su vida a luchar contra los españoles; sin embargo, dirigió sus mayores esfuerzos a crear la Patria Grande.

Desde 1811 a 1820, Artigas intentó formar una confederación entre Uruguay —que entonces se llamaba Banda Oriental— y las provincias argentinas de Entre Ríos, Corrientes, Misiones, Santa Fe y Córdoba, apenas liberadas del yugo español.

El proyecto no era fácil ya que debía enfrentar el centralismo que ejercía Buenos Aires, los intereses británicos en la región y la fuerza expansionista portuguesa, que acechaba desde Brasil.

Los que acompañaban al caudillo eran indios, gauchos, esclavos libertos y campesinos pobres a quienes la Independencia no había hecho justicia; niños, mujeres y viejos; "los más infelices" que se convertirían en "los más privilegiados". En beneficio de ellos, desde su campamento de Purificación, a orillas del Uruguay —el río de los pájaros pintados—, Artigas lanzaba decretos y más decretos: un reglamento aduanero para proteger los productos de la región; una reforma agraria que repartía la tierra entre los que menos tenían.

Finalmente, los portugueses invadieron y la Patria Grande se terminó. Derrotado, Artigas se refugió en el Paraguay donde murió a los 86 años.

119 Un huevo de dinosaurio con sorpresa

Es probable que durante 1986 hayan sucedido muchas cosas extraordinarias y que ésta sea una: en Couleé del Diablo, ubicado en la provincia canadiense de Alberta, un grupo de paleontólogos encontró un nido de dinosaurios con sus huevos intactos. Este hallazgo poco usual

les planteó un desafío: ¿cómo ver dentro de los huevos sin romperlos?

Ni tardos ni perezosos, recurrieron a todas las técnicas habidas y por haber, como son los rayos X, la tomografía axial computarizada y los gammagramas CAD, y descubrieron que dentro de uno de los huevos había un embrión. Ahora, el esqueleto artificial de un embrión de dinosaurio se exhibe justo en el lugar donde fue encontrado el original.

120 De lo real y de lo maravilloso

"Yo, Huvaravix, Maestro de los Cantos de Vigilia, haré regresar a los pastores que llevan los sombreros hasta las orejas, sombreros de madera en los que han ordeñado la leche de sus cabras, olorosos por dentro a leche y a pelo; que calzan lodo viejísimo en las uñas que son como cucharas de comer tierra; y de calzones remendados con verdaderos trozos de paisaje, tan variado en su color y su forma. Éste parece que lleva una nube en las nalgas; aquél, una mariposa en la pierna; ese otro una flor extraña en la espalda. La Abuela de los Remiendos pinta paisajes en la ropa..."

La Abuela de los Remiendos, El Cuco de los Sueños, El Sombrerón, El Maestro Almendro, Juan Poyé-Juana Poyé, Tatuana, Yaí —la Flor Amarilla— y otros, pasean por las *Leyendas de Guatemala* que Miguel Ángel Asturias escribió en 1930. Pasean entre la realidad y la ilusión,

tejiendo cuentos que parecen
sueños.

Asturias inventó una forma de
escribir propia de Latinoamérica,
conocida como lo real maravilloso o
realismo mágico; con ella se pueden
contar cosas que sucedieron o que la
gente dice que sucedieron, en un
español lleno de palabras mayas,
caribes y nahuas...

En 1967, Asturias ganó el Premio
Nobel de Literatura; su obra es una
de las más traducidas en todo el
mundo.

121 Simplemente maíz

Los biólogos la llaman *Zea mays*;
los campesinos, simplemente maíz.
El nombre científico como el
popular provienen de una palabra
tan antigua que sólo se pronunciaba
porque entonces no existían letras
para escribirla: *mahís*. Así le decían
los arahuacos —un pueblo que vivió
disperso desde el Caribe hasta el
alto Paraguay— a una planta oriunda

de esas regiones, de tallo grueso, hojas como espadas, penacho de rey y mazorcas llenas de deliciosos granos que parecen dientes.

Hace más de 9 000 años, el *mahís* era silvestre. Dócil como un perro, se dejó domesticar; así dio inicio la agricultura. Cuando la gente siembra *mahís*, debe quedarse a cuidarlo hasta que crezca y se seque. Luego lo cosecha y lo guarda para que sirva de alimento durante todo el año. Mientras espera, construye casas, luego pueblos... Se dice que las grandes culturas de nuestro continente se levantaron sobre el frágil tallo del *mahís*; sobre la mazorca dentuda del *mahís*.

Hoy, tierno, cocido en agua con cal y hecho masa; en forma de tortilla, disuelto en agua o en leche, guisado con calabaza, como palomitas o pororó, fermentado en la chicha embriagante, sigue siendo el alimento cotidiano de nuestros pueblos y de muchos otros pueblos del mundo.

El *mahís* o maíz es una planta única. En el libro del *Popol Vuh*, los mayas quiché de Guatemala lo dicen clarito:

"...los Progenitores, los Creadores y Formadores... Se juntaron, llegaron y celebraron consejo en la oscuridad y en la noche; luego buscaron y discutieron, y aquí reflexionaron y pensaron. De esta manera salieron a la luz claramente sus decisiones y encontraron y descubrieron lo que debía entrar en la carne del hombre.

"Poco faltaba para que el sol, la luna y las estrellas aparecieran sobre los Creadores y Formadores. De Paxil, de Cayalá, así llamados vinieron las mazorcas amarillas y las mazorcas blancas.

"Estos son los nombres de los animales que trajeron la comida: Yac [el gato del monte], Utiú [el coyote], Quel [una cotorra vulgarmente llamada chocoyo] y Hoh [el cuervo]. Estos cuatro animales dieron la noticia de las mazorcas amarillas y las mazorcas blancas...

"Y así encontraron la comida y ésta fue la que entró en la carne del hombre creado, del hombre formado; ésta fue la sangre del hombre; de ésta se hizo la sangre del hombre. Así entró el maíz [en la formación del hombre] por obra de los progenitores."

122 Para dos océanos

Imagina un lugar terrestre muy, muy alto, desde donde puedas admirar el Océano Pacífico y, a la vez, del lado contrario, el Océano Atlántico. Pues este lugar existe en Costa Rica, en la cima del volcán Irazú. Es el único punto del planeta desde el cual puedes deleitarte con esta maravilla. Semejante mirador natural está a 3 432 metros de altura.

123 Batey, campo de deportes

Antes de la llegada de los europeos, en la isla que hoy se llama Santo Domingo, reunidos en pequeños pueblos, vivían los taínos, descendientes de arahuacos y caribes. En esos pueblos existía un espacio amplio para practicar carreras, simulacros de guerra, juego de pelota y competencias de pesca. Este campo de deportes se llamaba batey.

124 Pablo de América

Oh mar, así te llamas,
oh camarada océano,
no pierdas tiempo y agua,
no te sacudas tanto,
ayúdanos,
somos los pequeñitos
pescadores,
los hombres de la orilla,
tenemos frío y hambre,
eres nuestro enemigo,
no golpees tan fuerte,
no grites de ese modo,
abre tu caja verde
y déjanos a todos
en las manos
tu regalo de plata:
el pez de cada día.

Fragmento de "Oda al mar"

Esto escribió Pablo Neruda, un poeta chileno contemporáneo. En 1970 Pablo Neruda fue designado candidato a la presidencia de su país, pero renunció a favor de su amigo, Salvador Allende; al año siguiente, ganó el Premio Nobel de Literatura, bien merecido por la calidad y lo extenso de su obra poética.

Murió en Santiago de Chile en 1973 y se le considera uno de los grandes escritores de este siglo. También se le conoce como Pablo de América. El mismo lo dijo: "he llegado a través de una dura lección de estética y de búsqueda a ser poeta de mi pueblo. Mi premio es ése."

Su pueblo somos todos los americanos.

125 Planta catapulta

La balsamina es una hierba de flores amarillas originaria del Perú. Se emplea en medicina como tranquilizante, de ahí su nombre, pero además es una planta catapulta: cuando alguien toca levemente su fruto maduro, éste arroja la semilla con fuerza.

126 Pakal descansa en su tumba

Palenque es una bella ciudad maya ubicada en la selva de Chiapas, México. Si bien la zona arqueológica es muy importante porque allí se encuentran las únicas pirámides precolombinas usadas como tumbas, hay una que guarda misterios que la hacen más valiosa aún.

La pirámide recibe el nombre de Templo de las Inscripciones porque tiene una pared cubierta con 620 glifos. Por los cálculos de ingeniería, parece ser que la tumba se construyó mucho antes que la pirámide, ya que la losa que cubre el sepulcro, de cinco toneladas de peso, no habría cabido por las estrechas escalinatas descendentes. La losa tiene esculpido un personaje de perfil rodeado de símbolos; los arqueólogos suponen que significa el viaje del hombre a otra vida: su muerte y renacimiento en el cosmos.

La tumba tiene escrito el nombre del muerto: Pakal, que en maya significa escudo o protector de las almas. Pakal reinó en Palenque del 615 al 683 de nuestra era. Cuando por primera vez entraron a la tumba en 1952, su esqueleto estaba casi deshecho, pero eso sí, ricamente adornado con joyas y una máscara de jade con pupilas de obsidiana. Mide 1.73 metros de estatura, 20 centímetros más que el promedio de los mayas de aquella época, y su cráneo no presenta deformaciones, por lo que se cree que no pertenecía a la nobleza maya ni era un habitante del lugar.

Algunos piensan que Pakal pudo ser un astronauta, por eso le llaman el astronauta de Palenque.

Ni maya ni astronauta, entonces ¿quién fue Pakal?

127 Araucaria

Las araucarias —gigantes siempre verdes que llegan a medir 50 metros de altura— forman extensos y olorosos bosques. Su nombre proviene de Arauco, región ubicada al sur de Chile de donde son

127

oriundas. El fruto, semejante a una almendra, es dulce y nutritivo.

128 El cráter del meteoro

Hace más de 20 000 años, un meteorito se estrelló en el desierto de Arizona, en Estados Unidos. Su impacto produjo un cráter de 1 200 metros de diámetro y 174 metros de profundidad. Según los científicos el meteoro debió tener el tamaño de un vagón de ferrocarril, aunque pesara 2 400 veces más. Algo semejante puede caer del cielo cada 50 000 años.

129 Ensalada de arcilla

"En la variedad está el gusto", dice un refrán. Los indios otomacos que vivieron a orillas del río Orinoco, en Venezuela, eran famosos por construir canoas muy bellas, jugar a la pelota de caucho y tener una organización social justa. Y por si fuera poco, a los otomacos también les gustaba comer arcilla con frutas; esta costumbre frutilodosa hizo que los científicos les llamaran geófagos. Recetas van, recetas vienen, lo cierto es que la ensalada de arcilla fue un gran platillo para ellos.

130 Países con sabor a plátano

¿**Q**ué tipo de plátano te gusta más? ¿Dominico, tabasco, macho? ¿O cómo prefieres comerlo? ¿Solo, frito y acompañando al arroz, con crema, licuado con leche, con helado de sabores, con cereal...?

El plátano o banano, esa fruta rica en sabor y rica en potasio, es oriunda de la India y se cultiva en América desde hace mucho tiempo. Como está muy bien aclimatado en nuestro continente, los cinco primeros países productores de plátano en el mundo son: Brasil, Ecuador, México, Colombia y Honduras. ¡Enhorabuena!

131 Mono tití, ¿dónde estás?

¿**D**ónde estás que no te vemos, mono tití?

Y cómo lo vamos a ver si es tan pequeño que puede dormir en la palma de una mano. El tití —que mide unos 15 centímetros de largo y pesa poco más de 250 gramos— vive en las selvas de América Central y del Sur. Es tímido y fácil de domesticar.

132 Capital altísima

¿**D**ónde crees que está la ciudad capital más alta del mundo?... En Bolivia. Es La Paz y se encuentra a 3 614 metros sobre el nivel del mar.

133 Ajedrez de nuez

En Ecuador no sólo hay alturas enormes como el volcán Chimborazo, también existen miniaturas muy bien hechas.

Verás. En este país crece la tagua, una palmera sin tronco; su fruto es una nuez blanca y dura; por su color y consistencia, se le conoce como marfil vegetal. Con ella, los ecuatorianos fabrican pequeños objetos como botones o tallan algo más divertido: las piezas del ajedrez.

134 Diez polleras

A las orillas del lago Titicaca, en Bolivia y Perú, viven los aimaraes o haque; es decir, los humanos, como ellos mismos se llaman. Las mujeres aimaraes usan una prenda atractiva: la pollera. Es una falda acampanada y muy colorida que les llega hasta la pantorrilla; está hecha de algodón, seda o terciopelo. Algunas de estas mujeres llevan diez polleras al mismo tiempo, señalando con este precioso detalle una posición social alta.

135 Lirio-lay

Tres jóvenes, Magín, Crespín y Delfín, salieron a buscar una medicina para curar la ceguera de su hermano menor. Delfín, el menor, escucha el ruego de la planta del quiscal; ésta le pide que la abrigue porque hace mucho frío; tan fuerte la aprieta Delfín contra su pecho que las espinas lo lastiman. Su sangre hace florecer un bello lirio entre las hojas del quiscal. Es el lirio-lay que, según una leyenda argentina, cura la ceguera.

136 Maraca y güiro

¿Sabías que en Perú y Chile se llama maraca a un juego de azar para el que se usan tres dados con figuras de sol, luna, estrella, copa, oro y ancla?

Pero la maraca más conocida es un instrumento musical de percusión originario de América.

Para fabricarla sólo se necesitan calabazas secas y huecas, un puñado de granos de maíz y un par de palos cortos. Se echan los granos dentro de las calabazas y se colocan los palos, bien ajustados, de modo que sirvan de tapón y mango a la vez.

Por lo general, las maracas se usan de a dos, el músico las agita rítmicamente, acompañando a un bailarín o a un cantor.

En cambio, cuando se usa el güiro —otro ingenioso instrumento musical americano— el sonido se produce raspando la caja o calabaza con una varilla de madera.

137 Mississippi y Missouri

Desde tiempos remotos, los indios ojibwas de Norteamérica llamaban Gran río o Miseisepe al que hoy conocemos como Mississippi. Este nace en el Lago Itaca en Estados Unidos, para desembocar en el Golfo de México. El gran río se une con el Missouri y ambos forman el río más largo de Norteamérica ya que recorren juntos 5 970 kilómetros. El Mississippi es también la vía de navegación fluvial más larga en el planeta.

138 Aquellos que vuelan

Cuando los españoles se internaron desde la costa en lo que ahora es Veracruz, México, se quedaron atónitos ante un espectáculo nunca visto. En la punta de un mástil de madera de entre 40 o 45 metros, un hombre se movía al ritmo de una flauta y un tamborcito que él mismo ejecutaba, mientras que cuatro hombres pájaros con trajes de quetzales, águilas o garzas, se lanzaban al vacío amarrados con cuerdas; por fin, después de dar 13 vueltas —ni una más ni una menos— tocaban el suelo. Si bien algunos cronistas lo consideraron invención del demonio, aquellos que

138

vuelan es una danza ritual que aún se practica en la zona de la huasteca.

Hoy en día, existen danzantes que presentan el espectáculo ante los turistas, como si fuera una acrobacia. Sin embargo, en la región de donde es oriundo, el rito se ejecuta paso por paso. El grupo de voladores y su capitán ayunan; luego van al monte y escogen el árbol apropiado; bailan alrededor y le piden perdón por su muerte; lo talan y le quitan las ramas y lo llevan frente a la iglesia. Instalan el tecomate o manzana y el cuadro, que sirve de soporte giratorio como si formaran un carrusel; el trinquete, donde se impulsan los voladores, y la liana por donde van a subir. Después alimentan el palo para que no se cobre con la vida de uno de los voladores y se planta en un pozo de alrededor de tres metros de profundidad. Antes de lanzarse, cada volador se coloca hacia un punto cardinal diferente; el palo señala la quinta dirección: tierra cielo. Es un rito por la fecundidad del suelo.

139 Rojo vegetal

Si hay algo rojo en América además de la flor de nochebuena y el jitomate, es la bija o achiote, pasta hecha con las semillas del árbol del mismo nombre. Con el colorante se puede pintar el cuerpo, la comida y la ropa.

La bija o achiote crece en las zonas tropicales y pertenece a la familia de las bixáceas, plantas que tienen la savia y la pulpa que cubre la semilla de color rojizo. Achiote es una palabra de origen náhuatl; bija es una voz antillana que significa rojo.

140 Un tecito para el presidente

En México se usan alrededor de 6 000 plantas medicinales. Sabemos esto, gracias a los que desde 1521 —año en que cayó Tenochtitlan en manos de los españoles— vienen registrando los ricos testimonios de la herbolaria indígena.

En el Colegio de la Santa Cruz de Tlatelolco, indios de familias nobles se dedicaron a esta tarea; tal es el caso de Martín de la Cruz, quien escribió en náhuatl una obra que Juan Badiano de Xochimilco tradujo al latín. Se le conoce como *Códice De la Cruz-Badiano* y en él su autor asienta que las hojas del encino, árbol que crece en los bosques templados del país, en cocimiento con otras, se usaba para aliviar el cansancio de los señores que ejercían cargos públicos o se ocupaban de la pesada tarea de gobernar.

La gente todavía camina tras la pista de las plantas medicinales, y así como lo hicieron Martín y Juan, ahora lo hacen Edelmira, Roberto y Beatriz, quienes preguntándoles a los yerbateros de los mercados mexicanos, pudieron escribir el libro *Tes curativos de México*.

141 Una flor para el pesebre

Cuetlaxóchitl significa en lengua náhuatl flor de cuero o flor que se marchita y es la que hoy conocemos como flor de nochebuena. Cuetlaxóchitl es originaria de Taxco, pequeña ciudad del estado de Guerrero, México; por ser una flor nacida en tierra caliente, los aztecas la aclimataban en el centro del país cultivándola en los jardines de Moctezuma y Nezahualcóyotl, señores de Tenochtitlan y Texcoco, respectivamente.

En los primeros años de la Colonia, los franciscanos que vivían en Taxco decidieron adornar el pesebre navideño con estas hermosas flores rojas, ya que habían aprendido de los indios que la cuetlaxóchitl era el símbolo de la pureza. Y qué mejor adorno puro para el niño Jesús. Esta costumbre navideña se conservó en la Nueva España y de allí partió a muchos lugares del mundo en donde la nochebuena es también el símbolo de la navidad.

En Argentina, por ejemplo, la cuetlaxóchitl se llama estrella federal, porque los caudillistas o federalistas tomaron el color rojo como símbolo para su uniforme y bandera.

Con cualquiera de sus nombres, esta flor no deja de ser muy hermosa y, por supuesto, originaria de nuestro continente.

142 Reggae, música con historia

En Jamaica, una isla del Caribe, más de la mitad de la población desciende de esclavos africanos. Hace unos 40 años, una parte de este numeroso grupo organizó el movimiento Rastafari.

Un poco religioso (leen la Biblia e idolatran a Haile Selassie, un rey etíope contemporáneo), un poco político (quieren la independencia de la población negra) y un poco cultural (defienden la herencia africana), este movimiento ha logrado entusiasmar a buena parte de los jóvenes jamaiquinos. Su mayor creación es la música reggae, que con sus tambores sagrados marca un ritmo rápido, que nos penetra hasta los huesos y nos hace bailar desenfrenadamente. El reggae ha salido de la isla y ahora se escucha y se danza en buena parte del mundo. ¿Tú lo has bailado?

143 El récord: Cerro de Pasco

Los habitantes de Cerro de Pasco —lugar famoso por las minas de plata— viven entre las nubes. Se hallan a 4 267 metros sobre el nivel del mar, en los Andes peruanos. ¡Todo un récord!

144 Cacahuates de a montón

Antes que llegaran los españoles, los habitantes de México los llamaban *tlalcacáhuatl*, que significa cacao de tierra en lengua náhuatl. En otros países, como Argentina, Uruguay y Brasil, se le conoce por maní. Si bien el cacahuate es originario de América, en la India se produce y consume en grandes cantidades. Y los chinos no se quedan atrás: a ellos también les encanta comerlos.

Del cacahuate se extrae aceite y las semillas aplastadas son un buen alimento para el ganado. Además su cultivo ayuda a renovar la fertilidad de los suelos agotados.

145 —¿De dónde eres zarigüeya?

—**S**oy del mundo del revés.

Pero en realidad la zarigüeya vive en las zonas cálidas de América. En México se la conoce como tlacuache (*tlacuac* significa comer algo). Es un mamífero americano que llama la atención: sus patas delanteras parecen pies, sus patas traseras son como manos, con el dedo gordo separado para hacer pinza con los otros dedos, y es didelfo —tiene una bolsa en el abdomen— donde guarda a sus hijos cuando son pequeños.

A las zarigüeyas jóvenes les encanta colgarse de cabeza de los árboles, agarradas de la cola. Supongo que cuando son mayores también les gusta divertirse así, pero ya son muy pesados para que su cola los aguante, ni siquiera con la ayuda de sus "manos traseras".

145

146 Los heraldos de la muerte

Viven en América y siempre se visten de luto: traje —o plumaje— todo negro, menos las patas y los picos, que son color carne. Llevan las cabezas descubiertas —sin plumas— y cuando aparecen en algún lugar, ten por seguro que hay algún cadáver por allí.

Son los zopilotes, pájaros rapaces que andan en bandadas y se alimentan de animales muertos. Tal vez por eso despiden un olor nauseabundo.

Zopilote proviene de la palabra náhuatl *tzopílotl. Tzotl* significa suciedad y *piloa,* colgar.

147 Los Grandes Lagos

Superior, Michigan, Hurón, Erie, Ontario, cinco hermanos de agua que forman la mayor cuenca lacustre navegable del mundo.

Los Grandes Lagos se encuentran entre Canadá y Estados Unidos y se comunican con el océano a través del río San Lorenzo.

148 Jerónimo, el apache

Si bien en la actualidad, los grupos étnicos que forman el pueblo de los apaches llevan una vida sedentaria en las reservas de Arizona, Nuevo México y Texas, algunos aún recuerdan a sus antepasados, expertos cazadores de bisontes, maestros en el arte de curar y, sobre todo, guerreros indomables. Uno de ellos fue el apache chiricahua Jerónimo, quien dirigió hasta el final la resistencia contra el hombre blanco. Jerónimo fue vencido en 1886, año en que le hicieron un histórico retrato.

148

149 Te espero en la Puerta del Sol

Cuando viajes a Bolivia, no olvides visitar la pequeña población de Tiahuanaco, a orillas del lago Titicaca. Ella guarda restos arqueológicos del centro ceremonial del mismo nombre.

La cultura tiahuanaco floreció aproximadamente por el año 1 000 de nuestra era, antes del gran imperio inca.

Tiahuanaco tiene un edificio que ha llamado la atención de los arqueólogos: es el palacio de Kalasasaya o Cerco de piedras paradas. En él resalta la Puerta del Sol, hecha en piedra, de una sola pieza; mide 4 metros de largo, 3 de alto y 50 centímetros de grosor. Esta puerta fue ricamente adornada con varias figuras; la mayor y central representa al dios Viracocha, el creador; su rostro parece el de un felino y en cada mano empuña un cetro. Acompañándolo, a cada uno de sus lados, hay tres hileras de ocho personajes con alas (48 en total); éstos se hallan de perfil, arrodillados, sosteniendo un cetro; los de la fila de en medio tienen máscaras de cóndor. Por estas figuras, todo el centro ceremonial es de gran belleza y vale la pena admirarlo.

No esperes más, si visitas Tiahuanaco, te espero en la Puerta del Sol.

150 Monadas

Qué monadas las que hace el pájaro mono. Por ejemplo, canta con gran variedad de voces, imitando la humana o la de otras aves. Y esto no es todo, ya que le gusta vivir con las avispas y entre ellas hace su nido. El pájaro mono, pequeño y de color pardo, habita en la región de Quito, Ecuador, y de vez en cuando también anda por otros lugares de Sudamérica.

151 Chile, delgado hermano del sur

¿Sabías que Chile es el país más largo y estrecho del mundo, con 4 270 kilómetros de norte a sur y apenas un ancho promedio de 190 kilómetros, de este a oeste? Sí, es muy delgado, y no sólo en eso exagera: en un dos por tres su tierra pasa de los altísimos picos de los Andes a las costas del Pacífico. ¿Verdad que vale la pena conocerlo?

152 El que cuenta, el que canta

A veces sigo a mi sombra
y a veces viene detrás.
Pobrecita, cuando muera,
¿con quién va a andar?

Atahualpa Yupanqui fue un cantor andariego, hijo de indio y española, que recorrió todos los caminos de su país natal, Argentina. Don Atahualpa nació en la pampa, por la que cabalgó llevando su guitarra, "el instrumento —según decía— que se aprieta contra el corazón para expresar los paisajes de la música y del hombre".

Eligió su nombre porque significa el que cuenta, en la lengua de sus antepasados indios, y cantando carnavalitos de la puna, milongas pampeanas, tonadas de la cordillera, chamarritas de Entre Ríos, contó sueños, decires y anécdotas de su gente.

En lengua quechua *runa allpancamaska* quiere decir el hombre es tierra que anda. El *runa allpancamaska* del sur escribió más de 1 200 canciones y nueve libros de poesía. Murió en mayo de 1992, a los 83 años de edad.

153 La Gran Colombia

El virreinato de Nueva Granada comprendía lo que hoy son Panamá, Colombia, Ecuador y Venezuela. El Libertador, Simón Bolívar, quien dedicó su vida a luchar por independizarlos de España, soñaba que toda esta región fuera un solo país, la Gran Colombia. Simón Bolívar liberó también el Alto Perú y la república recién nacida recibió el nombre de Bolivia en su honor. Pero antes de morir, el Libertador vio con tristeza que los países de América del Sur no se mantenían unidos.

Si quieres conocer los últimos días del héroe, lee *El general en su laberinto*, de Gabriel García Márquez.

153

154 Titicaca

A 3 815 metros de altura, en el altiplano andino que abarca parte de Bolivia y parte de Perú, se encuentra el Titicaca, el lago más alto del mundo. Tiene una superficie de alrededor de 8 300 kilómetros cuadrados y su profundidad mayor alcanza los 370 metros; esto permite la navegación a vapor.

En el lago Titicaca hay varias islas, donde los arqueólogos han descubierto restos que demuestran la importancia de la civilización incaica. La principal es la Isla del Sol, lugar sagrado dedicado a Inti, el Sol. Según la leyenda, en ella nacieron Manco Cápac y Mama Ocllo, los primeros emperadores, hijos de los dioses, de quienes descienden los incas.

155 Ana Fidelia

A los 12 años de edad, ganó su primera competencia en 60 metros planos; ahora que ya es una mujer adulta, tiene la licenciatura en Cultura Física y ha sido campeona cinco veces consecutivas del Gran Premio Internacional de Atletismo. Todo el dinero que gana en premios lo dona para el desarrollo del deporte en su isla; confía en México porque éste siempre ha apoyado a su país.

En su tierra natal la llaman La Reina del Óvalo o Tormenta del Caribe. ¿Quién es? Es Ana Fidelia Quirot, la gran atleta cubana que hoy, a sus 31 años de edad, ha impuesto marcas mundiales en 200, 400 y 800 metros planos de atletismo.

156 Tayé, un borrego cabeza dura

El padre Miguel del Barco, un misionero jesuita que anduvo por la antigua California, en Nuevo México, cuenta que el tayé es un animal "parecido a un ternero, con cabeza como de venado, astas gruesas de carnero y pezuñas de buey". Pero lo más curioso de este extraño animal, al decir del sacerdote, es que cuando los indios lo acosaban para cazarlo, se dirigía hacia algún precipicio donde se despeñaba, no sin antes haber dispuesto su cabeza de modo que fueran sus astas las que aguantaran el golpe. El misionero termina diciendo que... "se levanta y huye, dejando burlados a los cazadores que, desde lo alto, le miran sin atreverse ellos a hacer lo mismo".

¡Qué borrego más cabeza dura!

157 Los mayas, grandes navegantes

Antes de la llegada de los conquistadores, los mayas disponían de un importante sistema de rutas marítimas para intercambiar mercancías. Los putunes, que vivían en la Chontalpa, al sur de Tabasco y Campeche, recibían productos traídos por comerciantes desde el centro de México; luego los transportaban en embarcaciones hasta los puertos de Nito y Naco, en los linderos de lo que hoy es Belice y Honduras.

Los mayas hacían las canoas ahuecando troncos con fuego, y éstas eran tan grandes que dentro podían caber 70 personas, además de los productos. Usaban velas de algodón o petate y se impulsaban con remos.

En los puertos principales había casas de descanso y mercados hasta donde llegaban comerciantes del sur. Ofrecían sal, cera, miel, algodón, pescado y plumas de quetzal a cambio de cascabeles de cobre, conchas coloradas y piedras preciosas.

158 Urpillay, mi palomita

Se me ha escapado,
se me ha perdido
mi palomita.
¿Dónde se ha ido,
quién se ha llevado
a mi adorada?

Era aún muy tierna
cuando en mi pecho
nido le di;
mas no pensé
que al tener alas
me iba a dejar.

Quizá el halcón
al verla sola
la atrapará
e inexorable
su tierno cuerpo
desgarrará.

La paloma —*urpi*, en lengua quechua— simbolizaba a la mujer en la civilización inca. De esta costumbre surgieron unos poemas cortos y delicados, conocidos con el mismo nombre, urpi.

Los cantos de la paloma hablan de dolor por haber perdido a la amada. Conocemos ahora pocos de estos bellos versos que se transmitieron de padres a hijos por la tradición oral.

Si de algún modo
saber me hiciera
dónde se encuentra,
volviéndome ave
sobre mis alas
me la traería.

Tal vez un día
dónde se encuentra
me hará saber.

Me la traeré,
porque sin ella
me moriré.

159 Para el sediento

El curujey es una enredadera con hojas anchas, capaces de conservar limpia y fresca el agua de las lluvias durante un buen tiempo; así el viajero sediento puede beber de ellas.

Comúnmente crece alrededor de las ceibas. Curujey es una palabra antillana; su nombre científico es *Trillandsia utriculata*.

160 Casiquiare

Si quieres entrar navegando por el río Orinoco, en Venezuela, y salir por el Amazonas, en Brasil, puedes hacerlo. Este largo viaje por agua es posible gracias al río Casiquiare que, como un canal natural, une los dos gigantes fluviales.

161 "¿Querés un mate, che?"

En América del Sur crece una planta llamada yerba mate; con sus hojas secas y molidas se prepara una infusión tan estimulante como el café. La bebida, muy popular entre los argentinos, chilenos, paraguayos y uruguayos, se llama mate.

El mate se bebe de forma muy especial. Se pone la yerba en un recipiente, que suele ser una calabacita seca, se agrega agua a punto de hervir y listo. ¡Servite un amargo!

Debes chupar el líquido a través de la bombilla, una especie de popote metálico. Cuando terminas de beber, devuelves el mate al

161

cebador, para que lo prepare nuevamente y lo convide a quien le toca después de ti en la ronda.

Como ves, es una bebida que se comparte, como la pipa de la paz de algunos indígenas.

¿Quieres probar uno? Si no te gusta amargo puedo prepararte un rico mate dulce, agregando a la infusión un poquito de azúcar.

162 De qué parte han venido los indios y por qué

"**...L**a Española tiene una provincia llamada Caonao, en la que está una montaña que se llama Cauta, que tiene dos cuevas nombradas Cacibajagua, una, y Amayaúna, la otra. De Cacibajagua salió la mayor parte de la gente que pobló la isla. Esta gente, estando en aquellas cuevas, hacía guardia de noche, y se había encomendado este cuidado a uno que se llamaba Mácocael; el cual, porque un día tardó en volver a la puesta, dicen que se lo llevó el Sol. Visto, pues, que el Sol se había llevado a éste por su mala guardia, le cerraron la puerta; y así fue transformado en piedra cerca de la puerta. Después dicen que otros, habiendo ido a pescar, fueron presos por el Sol, y se convirtieron en árboles que ellos llaman jobos, de otro modo se llaman mirobálanos. El motivo por el cual Mácocael velaba y hacía la guardia era para ver a qué parte

mandaría o repartiría la gente, y parece que se tardó para su mayor mal..."

Así contaban los indios de la isla La Española —hoy República Dominicana y Haití— cómo la poblaron, y fue fray Ramón Pané, fraile español de la orden de los jerónimos, quien transcribió esta leyenda, en su *Relación de las antigüedades de los indios*. Fray Ramón vivió en La Española y aprendió muy bien la lengua indígena.

163 El techo de América

Una casa sin techo no es casa. Así que aquí, en nuestro continente, nos podemos dar por bien servidos. Verás: el Aconcagua, en Argentina, es la montaña de mayor altitud en América; se encuentra a 7 130 metros y es visitado por muchísimos andinistas deseosos de alcanzar su cumbre. Pues bien, a este gigante se le conoce como el Techo de América, techo que, desde siempre, protege nuestra gran casa.

164 Alfonsina y el hombre pequeñito

Una vez, Alfonsina se enamoró, pero luego —como suele suceder— se desenamoró. Entonces, hizo este poema:

Hombre pequeñito, hombre
                          pequeñito,
suelta a tu canario, que quiere
                          volar...
Yo soy el canario, hombre
                          pequeñito,
             déjame saltar.

Estuve en tu jaula, hombre
                          pequeñito,
hombre pequeñito, que jaula me da.
Digo pequeñito porque no me
                          entiendes,
             ni me entenderás.

Tampoco te entiendo, pero mientras
                          tanto
ábreme la jaula, que quiero escapar;
hombre pequeñito, te amé un cuarto
                          de ala;
             no me pidas más.

Alfonsina Storni nació en Suiza,
pero desde bebé vivió en la
Argentina. En este país escribió
muchos poemas e hizo obras para
que representaran sus alumnos de
Teatro Infantil Labardén.
En la primavera de 1938, aquejada
por una enfermedad incurable,
Alfonsina se internó en el frío mar
del sur. Tenía, entonces, 46 años.

165 Sólo hay verano e invierno

La cordillera de los Andes cruza
Bolivia de norte a sur; esto permite
que el terreno varíe mucho en altura
y clima. Por ejemplo, el lago
Titicaca se ubica en la zona que se
llama región interandina. Allí, el
clima es muy frío y en todas las
noches de invierno la temperatura
baja a menos de cero grados. En la
región interandina sólo hay dos
estaciones al año: un verano lluvioso
y el invierno.

166 Para engañar a Popeye

¿Quieres una crema de quinua?,
¿o prefieres unas tortitas hechas con
sus hojas? Son riquísimas, y también
alimenticias.
La quinua es una planta anual
—de la familia de las
quenopodiáceas— que crece en
América del Sur. Se utiliza de
manera semejante a la espinaca y
las comidas hechas con ella tienen
un sabor tan parecido al de esta
hortaliza, que ni siquiera el marinero
Popeye notaría la diferencia.
También se aprovechan las semillas:
puestas a secar se comen como las
de calabaza o se prepara con ellas
una sopa muy sabrosa. Los
científicos afirman que es uno de los
alimentos más completos que
existen.
Ya sabes, si quieres ser fuerte, a
comer quinua.

167 Dictador Supremo

A don José —doctor en teología—
le encantaba observar los astros,
hacer cálculos matemáticos y leer
grandes enciclopedias... pero resulta

que don José tenía otra afición:
gobernar su país —el Paraguay—
con puño de hierro.

Así, en 1814, fue nombrado
Dictador Supremo y dos años
después, asumió el cargo para toda
la vida.

Como Dictador Supremo vitalicio
proporcionó bienestar a su pueblo
—campesino en su mayoría—, juzgó
personalmente todos los delitos y
mantuvo el país independiente de los
brasileños y los ingleses que
andaban merodeándolo. Dicen que
durante sus 26 años de gobierno, en
Paraguay no hubo mendigos,
hambrientos ni ladrones. Sin
embargo, los ricos, a quienes
despojó de sus privilegios y castigó
severamente, lo acusaron de dirigir
el país despóticamente. Murió en
1840, sin dejar sucesor.

En la historia de América, el
doctor en teología don José Gaspar
Rodríguez de Francia ha sido un
personaje muy controvertido. El
escritor paraguayo Augusto Roa
Bastos lo convirtió en protagonista
de la novela *Yo, el Supremo*.

168 Pirarucú

El pirarucú es un pez enorme. Este
habitante del río Amazonas, en
Brasil, tiene 2 metros de largo y
pesa alrededor de 90 kilogramos.
Sus medidas lo consagran como el
pez de agua dulce más grande que
existe.

169 Jabón de aceite de coco

El jabón de aceite de coco fue
inventado por el sabio criollo José
Antonio Alzate y Ramírez, en la
capital de la Nueva España, hace
más de 200 años. Debes saber que a
pesar de tan útil innovación, don
José tuvo poca fortuna, porque los
tocineros, que vendían grasa para
fabricar jabón, hicieron lo imposible
para arruinarle el negocio.

169

170 Pingullo

En Ecuador, el más pequeño de los
países andinos, a la gente le gusta
bailar al son del pingullo, danzas
populares que han recibido
influencia de la música de los
antiguos habitantes quechuas.

El pingullo es una especie de
flauta vertical, con tres o cuatro
agujeros.

171 Contuni, rey de las aves

Allá en las cumbres de los Andes, a más de 5 000 metros de altura, vive el rey de las aves. Mide casi 3 metros con las alas extendidas. Es el cóndor, la mayor de las aves que vuelan, cuyos colores hacen juego con su hábitat: negro como las rocas, salpicado de blanco nieve. Los indios quechuas lo llaman contuni, que quiere decir oler bien o que tiene buen olfato. Éste le sirve para detectar su platillo favorito: los animales muertos.

172 La princesa Anahí

Cuenta la leyenda que Anahí fue una princesa guaraní que tenía la voz dulce como la miel. Además, era tan valiente, que cuando los españoles conquistaron el Paraguay, en todas las batallas, al frente de los bravos indios iba Anahí. Pero un día fue capturada y condenada a muerte. La amarraron a un tronco y encendieron una hoguera a sus pies. A la mañana siguiente, en su lugar estaba una ceiba con esplendorosas flores rojas.

173 Fortaleza de Sacsayhuamán

Los antiguos incas fueron muy precavidos. A pesar de que su ciudad, Cuzco, se encontraba en tierras altas, decidieron construir un edificio protector más alto aún para resguardarse en caso de invasión.

Por este motivo erigieron Sacsayhuamán, fortaleza situada en una colina, 180 metros más arriba que el Cuzco.

Sacsayhuamán podía albergar a toda la población: 100 000 habitantes, aproximadamente. El edificio fue construido con 200 000 piedras que pesan desde 75 hasta 200 toneladas; cada mole mide 7.5 metros de altura; entre estas gigantescas piedras destaca una que tiene 9 metros de alto, 5 de ancho y 4 de grueso, con un peso de casi 300 toneladas.

Algunos arqueólogos opinan que esta fortaleza no es tal, sino un templo consagrado al dios de la tormenta: las tres murallas que cierran el edificio no forman una línea recta, sino quebrada, como representando la figura de un rayo.

¿Cómo hicieron los escultores para trabajar y colocar estas piedras?

173

174 Adivina...

Corona con dientes,
coraza pomposa
protegen la pulpa
dorada y jugosa.
Si la muerdes, sientes
dulzura en la boca.
¿Qué es? ¿Me lo dices?
Un buen adivino
nunca se equivoca.

La puedes llamar pan de azúcar, ananá o piña; de todos modos, acertaste, porque los tres nombran una de las frutas americanas más deliciosas. El ananá común o de la Martinica llega a pesar hasta 2 kilogramos y los confiteros se pelean por él para usarlo como ingrediente en sus pasteles. Ananá es una palabra guaraní.

175 Yacaré *versus* anaconda

Los caimanes son originarios de nuestro continente (el nombre deriva de la palabra caribe *acagoumán*); sin embargo, comparten características con sus parientes en todo el mundo: aligators, cocodrilos y gaviales.

Uno de los caimanes más populares de Sudamérica es el yacaré —palabra de origen guaraní— que podría ser el rey de los pantanos y los ríos, si no fuera por la anaconda, una boa constrictora capaz de vencerlo. Esto se sabe porque se encontró más de una anaconda con un cocodrilo adulto en la panza.

La anaconda es tan fuerte que mata sus presas estrujándolas. ¿Cómo lo hace? Una vez que ha atrapado un cabrito o un ternero, por ejemplo, se enrosca con él en un árbol y lo aprieta hasta triturarlo. Luego se lo traga entero muy lentamente y duerme durante días y días, para hacer la digestión.

Anaconda tiene parientes en América Central y América del Norte; los más conocidos son la mazacóatl —nombre que en náhuatl quiere decir serpiente venadera— y la ochkan, que según los mayas es una serpiente comedora de zarigüeyas.

Las boas no son venenosas. ¿Para qué necesitarían el veneno, con semejante fuerza?

176 Dame la mano

¿Acaso no quieres jugar a la ronda? Probemos con ésta:

Dame la mano y danzaremos;
dame la mano y me amarás.
Como una sola flor seremos,
como una flor, y nada más...

El mismo verso cantaremos,
al mismo paso bailarás.
Como una espiga ondularemos,
como una espiga, y nada más...

Te llamas Rosa y yo Esperanza;
pero tu nombre olvidarás,
porque seremos una danza
en la colina, y nada más...

¿Te gustó? "Dame la mano" es un poema de Gabriela Mistral, escritora chilena que ganó el Premio Nobel de Literatura, en 1945.

Gabriela —cuyo verdadero nombre era Lucila Godoy— fue también maestra rural. Estuvo en México después de la Revolución, donde trabajó con José Vasconcelos en las reformas pedagógicas que se hicieron para impulsar un nuevo sistema de enseñanza. Si bien en Chile y en toda Latinoamérica le tienen mucho cariño, los mexicanos sienten por ella algo tan especial que la nombraron hija adoptiva del estado de Sonora, donde hay un pueblo que se llama... Gabriela Mistral.

177 Los tesoros del Caribe

Uno de los cementerios de barcos más famosos del mundo es el Mar Caribe. En sus profundidades, entre restos de madera enmohecida, se encuentran atrapados tesoros de incalculable valor.

Todo comenzó hace casi 500 años, cuando los conquistadores españoles enviaban al otro lado del Atlántico, esmeraldas, oro y plata extraídos de las minas americanas. Claro que el Mar Caribe, tormentoso y lleno de arrecifes, resultaba una trampa fatal para los barcos portadores de tanta riqueza.

Pese a que hoy en día los buscadores de tesoros hacen su agosto en el Caribe, España y sus antiguas colonias de la región se disputan los derechos de propiedad sobre los navíos hundidos y su contenido. Éstos, además de tener un enorme valor material, resultan preciosos testimonios del pasado.

En Santo Domingo, capital de la República Dominicana, está el Museo de Casas Reales, donde exhiben tesoros pertenecientes a los naufragios de dos barcos famosos: el Tolosa y el Guadalupe.

178 Parientes vegetales

No sólo las personas tienen antepasados, los animales y las plantas, también. Por ejemplo, el teocintle perenne, llamado por los científicos *Zea diploperennis*, es un antepasado del maíz.

Se trata de un pariente silvestre del maíz que cultivaron los primeros agricultores de América, hace alrededor de 9 000 años. El hecho de que sea silvestre lo hace resistente a las heladas, a la humedad y a algunos virus que suelen atacar a sus descendientes vegetales. Además, una planta puede dar mazorcas durante varias temporadas, por eso es perenne.

Si bien el teocintle perenne aún crece en algunas regiones de México, corre peligro de extinción; es por esto que los científicos hacen esfuerzos por conservar y estudiar este antepasado del cereal más importante que nuestro continente legó al mundo.

179 Bienvenida

En la costa oeste del Canadá vivían los pueblos del cedro rojo. Con la madera de esta conífera gigante hacían casas, tótems, máscaras, canoas, cajas y hasta cucharas. El primer encuentro entre los hombres blancos y los pueblos del cedro rojo tuvo lugar un día del año 1774. Te lo vamos a contar.

Juan Pérez partió de México, rumbo al norte por el Océano Pacífico, al mando de una expedición naval. Al pasar frente a la isla que hoy se llama María Carlota, se le acercaron unos hombres con enormes máscaras que, mientras bailaban sobre sus canoas talladas, esparcían a su alrededor pelusa de águila. Eran los jefes Haida, pertenecientes a los pueblos del cedro rojo, quienes manifestaban a los recién llegados sus deseos de paz y amistad.

Como éstos, los habitantes aborígenes de Canadá no crearon una cultura semejante a las de los pueblos maya, azteca e incas. Hoy en día, sólo uno de cada cien canadienses es indígena: unas 230 000 personas, nada más.

179

180 La tajada de sandía

La sandía es fresca y jugosa; además es colorida, por eso muchos pintores la eternizaron en sus cuadros, por ejemplo, el artista mexicano Rufino Tamayo. La sandía es tan rica que ha llegado a desatar batallas campales y por poco provoca una guerra internacional.

En 1855, cuando Panamá estaba incorporada a Colombia, sucedió algo que parece cuento. Un ciudadano norteamericano compró a un frutero panameño una sandía y comenzó a comérsela antes de pagarla. Cuando el frutero le cobró los 5 centavos que valía la delicia, el comilón se negó a pagárselos porque el precio le parecía alto.

Sin duda aquello era un caso digno del rey Salomón: uno no quería pagar el producto que había adquirido, por caro, y el otro no quería recibirlo de vuelta porque le faltaba una tajada.

Palabra va, palabra viene, se desató una batalla campal donde murieron 17 norteamericanos. Por ello, Estados Unidos pidió al gobierno de Colombia una indemnización de 400 000 pesos oro como única manera de evitar una intervención armada.

Y todo por una tajada de sandía. Al menos, eso es lo que se dice.

181 Alegría para todos

Hace más de 500 años, las tierras del centro de México parecían manchadas de sangre. La causa de ese aspecto singular eran las flores rojas de una planta alimenticia muy importante en aquellos tiempos. Esa planta se conoce hoy con el nombre de amaranto o alegría.

Con el amaranto se hacían figuras del dios Huitzilopochtli y el pan sagrado que se comía después de la Ceremonia del Fuego Nuevo, llevada a cabo cada 52 años; por eso Hernán Cortés mandó quemar los campos donde se cultivaba. Con esto mató, sin saberlo, dos pájaros de un tiro: acabó con una planta sagrada y debilitó a quienes la consumían, porque las semillas de amaranto contienen más proteínas que las de cualquier otro cereal y licina, un constituyente esencial de los tejidos orgánicos.

Ahora, los especialistas afirman que si se volviera a cultivar el amaranto en gran escala, éste podría convertirse en el cereal ideal para ayudar a resolver el problema del hambre. Si esto sucediera, habría alegría para todos.

182 Pájaros poderosos

Para los mbyás, guaraníes que viven en el Guairá paraguayo, la morada del Padre de los pájaros se

181

encuentra detrás del cielo. Y allí van durante el invierno, el halcón grande, la paloma torcaz y otros animales alados. Cuando llega la primavera, ellos regresan para anunciar a los humanos desgracia y felicidad como éstas:

Cuando el arakú canta de noche, anuncia infortunios. Si grita el havía chu'a es porque el jaguar anda rondando. La mujer que oye al pitogue está embarazada. El buitre blanco ve humo donde hay un animal muerto. Han de soplar vientos recios si se mata a la masakarguai. El guyra kuchíu se lamenta cuando suena el trueno.

El mundo de los mbyás está poblado de pájaros poderosos.

183 El árbol que dio nombre a un país

Entre los siglos XII y XIV, antes de la conquista de nuestro continente, en Europa se contaba que más allá del Atlántico había una isla llena de árboles cuya madera servía para teñir de rojo. Por este color, parecido al del fuego o al de las brasas, el árbol recibió el nombre de palo de brasil.

Maderas fueron, carabelas vinieron, y la isla legendaria fue una contundente realidad: el vastísimo territorio de lo que hoy conocemos como Brasil. Los primeros navegantes portugueses que tocaron sus costas lo llamaron Santa Cruz; sin embargo, la fuerza de la leyenda, o la fuerza abrasadora del árbol, permaneció intacta para nombrar el país: Brasil.

184 Coca para el soroche

La puna de Atacama es una planicie ubicada a 5 000 metros sobre el nivel del mar, en la región de los Andes. Allí se sufre mal de las alturas o soroche, como le dice la gente del lugar. Sus síntomas —mareos y otros malestares— son causados porque el aire tiene menos oxígeno.

Los coyas, habitantes de esta zona, mascan habitualmente el acuyico, compuesto por hojas de una planta llamada coca. El jugo que sale al triturarlas contiene un alcaloide que estimula el sistema nervioso, quita el hambre y da sensación de euforia. Sin embargo, esta sustancia también provoca alucinaciones y daños al organismo, por lo que en medicina se usa, con ciertas precauciones, como calmante o anestésico.

En La Paz, capital de Bolivia, a los visitantes les dan un tecito de coca y los curanderos que viven a orillas del lago Titicaca leen la suerte en las hojas de esta planta.

185 Chan Chan, la grandiosa

Muchas ciudades prehispánicas se disputan haber sido la más hermosa: la azteca Tenochtitlan, la incaica Cuzco, la maya Tikal... pero, según los arqueólogos, la que lleva las de ganar es Chan Chan.

Chan Chan era una ciudad de adobe, amurallada, con plazas y jardines, templos y palacios, mercados y cárceles. Sus constructores, los chimúes, no sólo trabajaban los metales con increíble destreza, también resultaron especialistas en ingeniería hidráulica; por eso en Chan Chan había canales para el agua y baños públicos.

En 1470, los chimúes fueron vencidos por los incas y de Chan Chan, la grandiosa, solamente quedan las ruinas, muy cerca de la ciudad de Trujillo, al norte del Perú.

185

600 voltios; de este modo mata o paraliza a sus presas.

Este singular pez es oriundo de los ríos Orinoco y Amazonas, en Brasil.

Otra escena: esta vez en el río Mississippi, en América del Norte. Cuando los españoles anduvieron explorando esta región se encontraron al pez gato, que además de una cabezota y muchos bigotes, tiene grandes espinas afiladas a los costados del cuerpo. O al menos, así lo vieron ellos, y aunque el pez no maullara, su aspecto gatuno les llamó la atención.

186 Estos peces americanos

La de sorpresas y de sustos que deben haber pasado los españoles cuando vinieron a América y se encontraron con tantísimo animal diferente a los que ellos conocían...

Por ejemplo, imagina esta situación: después de mucho andar llegan, acalorados, a la orilla de un río; quieren refrescarse y no pueden porque hay... anguilas eléctricas. Así se llama este pez de agua dulce y aspecto de víbora —por lo delgado y largo— que mide cerca de 90 centímetros y es de color negruzco.

La anguila eléctrica tiene dos órganos a los costados del cuerpo, con los que lanza descargas de hasta

187 La Edad de Oro

Hace más de cien años —en 1889— José Martí, poeta y revolucionario cubano, editó en Nueva York una revista para niños: *La Edad de Oro*. En el primer número dice que se publica para que los niños americanos sepan "cómo se vivía antes, y se vive hoy, en América y en las demás tierras; cómo se hacen tantas cosas de cristal y de hierro, y las máquinas de vapor y los puentes colgantes y la luz eléctrica... Este periódico es para los niños y para las niñas, para conversar una vez al mes, como buenos amigos..."

José Martí aún no cumplía los 17 años cuando, por escribir y trabajar a favor de la libertad de su tierra fue sentenciado a trabajos forzados, que dañaron su salud para siempre. A pesar de ello dedicó su vida a luchar por la independencia y la unión de todos los pueblos de América.

188 Serpiente de tierra

América del Norte es el paraíso de las serpientes. Tal vez por esta razón, algunos grupos indígenas las reproducían a escala gigantesca. Tal es el caso de los hopewells, que vivían en la región sudeste de lo que hoy es Estados Unidos; hace 2 000 años, ellos construyeron un montículo de 500 metros de largo, en forma de serpiente.

189 Llegaron los elegantes

Pues sí, los pingüinos, con sus ceremoniosos trajes de etiqueta, llegaron y se quedaron en las tropicales islas Galápagos, en Ecuador. ¿Cómo sucedió esto? Es probable que hicieran el viaje arrastrados por una corriente marina helada, nacida en la Antártida. Al parecer, los pingüinos se acomodaron bastante bien y hoy disfrutan de su nuevo y cálido alojamiento, tan lejano de su sitio original, las islas y tierra firme del Polo Sur.

190 *Masa amarilla y masa blanca*

"Una vez que hubieron hecho la luz, las plantas y los animales, los dioses quisieron crear un ser capaz de hablar. Los primeros fueron de barro, pero eran ciegos y se deshacían en el agua. De madera hicieron los siguientes, pero no tenían corazón ni sentimientos y fueron condenados a morir bajo lluvia de ceniza. De tzite el hombre y de espadaña la mujer; así fueron hechos los terceros. Pero no respondieron a las esperanzas de sus creadores y fueron destruidos. Algunos, convertidos en monos, se perdieron en el monte.

"Con masa amarilla y masa blanca de maíz hicieron los dioses a los nuevos seres, que pronto mostraron la inteligencia y los sentimientos de que estaban dotados."

Así cuenta la leyenda quiché, del pueblo maya que habita en Guatemala, la creación de los hombres.

191 Chinampas

Cuando los turistas pasean sobre las trajineras por los canales de Xochimilco, en el Valle de México, pueden ver en las orillas grandes parcelas rectangulares llenas de flores y hortalizas. Lo que no sospechan los paseantes es que estas parcelas son apenas el recuerdo de un sistema de producción agrícola único en el mundo: las chinampas. Sobre ellas, los campesinos llegaron a cultivar alimento para todos los habitantes del Valle.

La sociedad azteca creció sobre cinco enormes lagos y supo aprovechar esa ventaja. Construyó Tenochtitlan, una hermosa ciudad con calzadas, acueductos y diques,

191

rodeada por parcelas verdes, anaranjadas y rojas, que parecían pequeños islotes. Estos islotes, formados con capas de lodo y plantas acuáticas encimadas, estaban sostenidos por un enrejado de troncos y por árboles altos pero de poca sombra: los ahuejotes.

Permanentemente irrigados y por ello muy fértiles, producían casi todo el año. Además, como los agricultores conocían muy bien el uso de fertilizantes naturales y de almácigos, y la rotación de cultivos, obtenían gran cantidad de alimento y plantas de adorno.

Cuando llegaron los españoles, las chinampas cubrían alrededor de 120 kilómetros cuadrados; ni tardos ni perezosos, supieron aprovecharlas, aumentando el número de especies cultivadas de 14 a 33.

Con el paso del tiempo, los lagos se secaron y este maravilloso sistema fue perdiendo importancia.

La Organización Mundial para la Agricultura y la Alimentación (FAO por sus siglas en inglés), perteneciente a las Naciones Unidas, decidió convertir las chinampas que aún quedan en Patrimonio de la humanidad.

192 Un sargazo más en el Mar de los Sargazos

Entre las algas o sargazos que flotan en el mar costero de la península de Florida y en el Caribe, vive un sargazo igual y diferente al resto. Esto no es un acertijo porque se trata del *Histrio histrio*, un pez tan parecido por su forma y color a sus vegetales acompañantes que hasta se esconde entre ellos. Y tan bien se esconde, que puede alimentarse de otros peces y crustáceos desprevenidos que como él son pensionistas del Mar de los Sargazos.

193 Potojsi, Potosí

"**N**o bien los mineros indígenas clavaron sus pedernales en los filones de plata del cerro hermoso, una voz cavernosa los derribó. Era una voz fuerte como el trueno, que salía de las profundidades de aquellas breñas y decía en quechua: No es para ustedes; Dios reserva estas riquezas para los que vienen de más allá. Los indios huyeron despavoridos y el inca abandonó el cerro. Antes, le cambió el nombre. El cerro pasó a llamarse Potojsi, que significa: truena, revienta, hace explosión."

Así cuenta la leyenda de lo que hoy conocemos como Potosí o Cerro Rico, ciudad minera al sur de Bolivia, explotada desmesuradamente desde la Colonia y que hasta la fecha sigue reventando en plata. Y no es exageración, ya que el cerro tiene 100 000 minas excavadas desde aquel entonces.

Los conquistadores hicieron alarde con la riqueza de esta veta, tanto, que la ciudad estaba adornada con plata, así como los altares de las iglesias y las alas de los querubines. En 1658, para la fiesta del Corpus Christi, varias calles de la ciudad fueron desempedradas y cubiertas totalmente con barras de plata. No en vano se puso de moda la frase: vale un Potosí.

Potojsi, Potosí, medio milenio de enriquecerse a tu costa y sigue la plata dando...

194 Naufragios

Hubo una vez un conquistador español llamado Álvar Núñez Cabeza de Vaca, que en 1527 se unió a una expedición para explorar La Florida, hoy territorio de Estados Unidos. Después de un terrible naufragio, algunos sobrevivientes se internaron en la tierra desconocida y terminaron cautivos de los indios mariames con los que vivieron seis años.

Álvar Núñez Cabeza de Vaca, uno de esos náufragos, poco a poco se hizo amigo de ellos y se convirtió en un chamán (brujo). La gente de las aldeas lo seguía con tal de que la curara. En uno de los tantos pueblos que visitó, halló a los pobladores muertos por bala. Este suceso le hizo pensar que luchar contra los españoles significaba una guerra sangrienta; entonces decidió alejar a los indios y regresar con sus paisanos. Durante mucho tiempo caminó con éstos por el sur de Texas y el valle del río Grande; cruzaron los estados mexicanos de Chihuahua y Sonora hasta llegar a Sinaloa y tocar por fin aguas del Pacífico.

Álvar volvió a España y allí fue encomendado como administrador de una de las colonias españolas en Sudamérica. La suerte no se hizo esperar y Cabeza de Vaca sufrió otro naufragio en las costas, a la altura del Paraguay. Exploró este territorio y se estableció en la ciudad de Asunción. Fue uno de los primeros europeos en escuchar el estruendo de agua grande, es decir, de las Cataratas del Iguazú y de admirar semejante espectáculo.

Por vueltas que da la vida, Álvar vivió desterrado en África; después murió en Sevilla, España.

El explorador español narra sus aventuras en las crónicas: *Naufragios de Álvar Núñez Cabeza de Vaca, Relación y comentarios de lo acaecido en las dos jornadas que hizo a las Indias* y *Comentarios*.

195 Si te empachaste...

Chile es el país de origen de un arbusto llamado boldo, de hojas siempre verdes y flores blancas, cuyo nombre proviene de la lengua araucana. De esta planta se extrae un alcaloide llamado boldina, que estimula la secreción de jugos gástricos. También puede prepararse en forma de infusión, la que es muy perfumada y amarga. Por sus propiedades, resulta muy saludable tomar un tecito de boldo cuando se padece del hígado o cuando comiste de más y te empachaste.

196 Cañonísimo

¿Puedes imaginar un cañón de 3 223 metros de profundidad? Si no, es mejor que lo visites en el Perú. Se trata del cañón Colca, el más hondo del planeta.

196

197 Esmeraldas

Esmeraldas, esmeraldas. Tantas encontraron los españoles en el noroeste del actual Ecuador, que así llamaron a los pobladores del lugar. También pudieron decirles oros o maderas preciosas, porque en la arena de los ríos y en los bosques de la región abundan estos tesoros.

El pueblo esmeralda se adorna con narigueras —la nariz—, con orejeras —las orejas— y con besotes —los labios.

198 Montesinos, el primero

En la historia de América, muchos han sido los sacerdotes que pusieron el grito en el cielo denunciando la situación en que viven los indios. El dominico español fray Antonio de Montesinos lo hizo el 30 de noviembre y el 7 de diciembre de 1511, en la isla La Española. Escucharon sus sermones dos personajes. Uno fue Diego Colón —hijo de Cristóbal Colón—, responsable de los abusos que sufría la población nativa. El otro, fray Bartolomé de las Casas, quien impresionado ante las palabras de Montesinos decidió dejar de ser encomendero e ingresar a la orden de los dominicos para seguir los pasos del sacerdote rebelde.

Montesinos causó tal escándalo, que fue llamado a las Cortes, en España, para dar una explicación. De su gestión nacieron las leyes de Burgos, consideradas humanitarias en cuanto al trato con los indios.

Montesinos murió en Cumaná, Venezuela, 29 años después de haber pronunciado sus memorables sermones.

199 Camalote

Por los caudalosos ríos de Sudamérica, navegan canoas, balsas, vapores y grandes barcos repletos de pasajeros. A veces, entre estas embarcaciones se deslizan camalotes, islas viajeras llenas de vida.

Los camalotes están formados por plantas acuáticas, siempre verdes, de raíces largas y hojas y flores flotantes. Cuando las aguas están tranquilas, estas plantas crecen a orillas de pantanos, lagunas y arroyos, pero cuando llueve y se dan las grandes crecidas, son arrastradas hacia los ríos. En ese camino, se enredan entre sí y con plantas de otras especies hasta crear islotes de distintos tamaños.

En los camalotes viajan serpientes, arañas, cangrejos e insectos —hay testimonios de que años atrás no faltaban jaguares—, por eso, cuando pasan frente a los poblados ribereños, los niños se emocionan imaginando una fauna fabulosa sobre ellos.

200 Es, pero no es... ¿quién es?

Se sienta como perro, ladra como perro, es juguetón como un perro y agita la cola, cortita y con la punta negra, como perro y es tan fácil de domesticar como cualquier perro... Pero vive bajo tierra, donde construye numerosos túneles, duerme por mucho tiempo en invierno y tiene hábitos nocturnos; disfruta de bañarse, revolcándose en la arena, y visita amablemente a sus vecinos.

¿Quién es? Es la marmota cola negra, habitante de las praderas de Canadá. A este animal, entre perro, oso y ardilla, le ha tocado vivir los caprichos de los humanos. Cuando éstos colonizaron la región oeste de América del Norte y mataron coyotes y lechuzas, predadores de las marmotas, el número de éstas aumentó así como los agujeros que hacen en el suelo. Las vacas y los caballos metían las patas, cada vez más seguido, y se las quebraban; entonces los colonizadores decidieron acabar con las marmotas. Ahora los científicos aseguran que hay que protegerlas porque comen las plantas que no son buen alimento para el ganado, permitiendo que las forrajeras crezcan más y mejor. Para terminar una adivinanza: si alguien te dice que pareces marmota, ¿se refiere a que eres juguetón y amigable, a que duermes mucho o, tal vez a que te gusta excavar y excavar...?

201 Archivos mayas

Muchas culturas antiguas usaron escritura jeroglífica propia. La civilización maya fue una de ellas. Los mayas inventaron 700 glifos, signos cuadrangulares de los cuales se han descifrado la mayor parte.

Los glifos están escritos en estelas, en los edificios, en códices o en vasos de cerámica.

Las estelas son bloques de piedra rectangulares y altos; de un lado tienen esculpida la figura de un hombre y en la parte posterior, inscripciones con adornos geométricos y glifos. Todas ellas registran el año de la fundación de la ciudad donde se encuentran. Si bien hoy las estelas representan un misterio porque no se ha traducido todo lo que guardan, podría decirse que son los archivos mayas que algún día podremos consultar completamente.

201

202 Telepatina

En este siglo se ha hablado mucho de la telepatía. Por cierto, aunque algunos científicos dudan de la existencia del fenómeno, ciertos indígenas de Colombia no opinan lo mismo... Ellos dicen que la planta de yajé produce poderes telepáticos y cuando la gente la consume tiene visiones, tanto futuras como pasadas. Un botánico bautizó la planta con el nombre de telepatina.

203 Comercio de canciones

Durante toda la época colonial, coplas y ritmos anduvieron de aquí para allá, en los barcos mercantes que cruzaban el océano. Se pasearon de un puerto al otro entre España, África y América, en las bocas y recuerdos de esclavos, marineros y comerciantes.

La música viajera se mezcló con la de nuestro continente, siguió viajando, y continuó su intercambio y sus mezclas. Tuvo descendencia en distintos lugares.

Por eso, sobre todo en Andalucía y en otras regiones de España se nota nuestra sabrosa presencia; por eso también la música popular de América Latina es un tejido de varios colores, con hilos negros, blancos y cafecitos.

En ciertas zonas del Caribe, Cuba, Haití, Jamaica y Brasil, predominan los hilos negros; la tela musical es oscura y fuerte, cargada con la

203

influencia de antiguos ritos a dioses africanos. En otros lugares abundan los hilos blancos de la brillante música andaluza, la tela se vuelve más clara y muy alegre. Así ocurre en Puerto Rico, Santo Domingo, Colombia, Venezuela y Panamá.

Si pintáramos un mapa de canciones, veríamos matizarse los colores y a veces predominar el mismo tono en regiones distantes entre sí; pero todas tienen un color de base: el café claro de nuestra raza americana.

Haz la prueba.

204 Excremento que no es desecho

En las costas y en varias islas de Perú y el norte de Chile habita el guanay, un ave del todo vulgar si no fuera por su excremento: el guano. Como este pájaro vive en colonias de millones y millones de habitantes, el guano se acumula en gran cantidad. Éste tiene un alto contenido de nitrógeno y fósforo por lo que resulta un fertilizante excelente. Es tan bueno que la industria fabrica una sustancia mineral que lo imita.

Guano viene del quechua *wanu* que significa estiércol.

205 La pipa plana

Los indios arapajos —habitantes de América del Norte— usaban la pipa plana.

Esta pipa era su posesión más sagrada, porque creían que los unía con las fuerzas sobrenaturales y garantizaba su existencia como tribu.

Hasta la actualidad, los arapajos —que en idioma crew significa infinidad de tatuajes— celebran su fiesta religiosa más importante en el mes de julio; en ella ejecutan la Danza del Sol.

Durante esta fiesta bailan cuatro días seguidos, con los rostros completamente pintados, en honor de sus dioses.

206 Huehuehtlatolli: la antigua palabra

"Llegas hoy al señorío, Dios se ha dignado colocarte en él... Vienes a regir al pueblo, ahora te echas el pueblo a tus espaldas... recibe y escucha a los que vengan a quejarse ante ti, a los que te muestren sus penas... no contestes sin antes reflexionar, entérate de la verdad... no lastimes a nadie, trata bien a la gente. Cumple con tu deber, oh, Tlatoani, señor nuestro."

Estas palabras están tomadas de un huehuehtlatolli llamado *Salutación y súplica que hacía un principal al tlatoani recién electo*. Con este discurso se le felicitaba por haber sido elegido rey y se le recordaba el modo firme y generoso con que debía tratar a sus súbditos.

Cuando un médico atendía a un enfermo le dirigía palabras de ánimo y consuelo; la partera saludaba a la madre con frases cariñosas, también ofrecía al recién nacido a los dioses y contaba acerca de su destino; los ancianos pronunciaban discursos ante los novios aconsejándolos para que fueran responsables y felices; las mujeres ancianas felicitaban a las embarazadas y les indicaban los cuidados que el niño necesitaría.

Cuando los comerciantes partían por primera vez hacia tierras lejanas, cuando se solicitaba y alababa a los dioses, cuando se instruía a los hijos... todos éstos eran momentos solemnes en los cuales era necesario pronunciar la palabra antigua.

Entre los nahuas habitantes de México, los huehuehtlatolli eran largos discursos poéticos, ya preparados desde tiempo atrás, que se transmitían de memoria de padres a hijos y se pronunciaban en ocasiones solemnes o especiales de la vida. Estas pláticas educativas se hacían para transmitir principios morales básicos, normas de cortesía y las antiguas doctrinas.

Como este huehuehtlatolli que un padre dirige a su hija: "Mi muchachita, mira con calma. He aquí a tu madre, de su vientre te desprendiste, brotaste... Como si fueras una yerbita, una plantita, así brotaste. Como sale la hoja, así creciste, floreciste...

"Escucha: no seas vana, no andes como quieras, no andes sin rumbo... sé cuidadosa... mira que eres cosa preciosa... eres piedra fina, eres turquesa. Fuiste forjada, eres brote y espina; eres de noble linaje... no te deshonres a ti misma...

"...levántate de prisa, aderézate la cara, aséate las manos, lávate la boca, toma de prisa la escoba, ponte a barrer... y cuando ya estés lista ¿qué harás? ¿cómo cumplirás tus deberes femeninos? ¿acaso no prepararás la bebida, la molienda? ¿no tomarás el huso, la cuchilla del telar? Pon atención, dedícate, aplícate a ver cómo se hace esto. Así serás valiosa. Abre bien los ojos para ver cómo es el arte tolteca, cuál el arte de las plumas, cómo bordan en colores, cómo se entreveran los hilos, cómo los tiñen las mujeres... pon atención, aplícate, no seas vana... Todo esto te lo entrego con mis labios y mis palabras. Así, delante del Señor nuestro cumplo con mi deber... He cumplido mi oficio de padre, muchachita mía, niñita mía. Que seas feliz, que nuestro Señor te haga dichosa."

207 Oro antiguo

Podría decirse que Bolivia es un país de oro antiguo. En regiones muy altas, como son los alrededores de la ciudad de La Paz o del lago Titicaca, hay restos de rocas antiquísimas, ricas en oro. Este metal se recoge en yacimientos glaciales, es decir, en depósitos donde se acumuló el oro en forma natural desde el periodo cuaternario, hace millones de años. En Bolivia, el oro viejo también se acumula en la arena de los ríos.

208 Aligátor desmesurado

...se va el caimán, se va el caimán, se va para Barranquilla...

El caimán es el familiar americano del impresionante cocodrilo. Este gran reptil vive en los pantanos de América Central. También se lo encuentra en América del Sur, donde se le conoce por yacaré. Y en América del Norte habitan el aligátor y el cocodrilo americano, también parientes. El más pequeño es el yacaré, que tiene apenas 2 metros de longitud. Sin embargo, ningún integrante del club cocodrilino alcanza las dimensiones que le dio el pintor francés Jacques le Moine.

La historia es así:

Le Moine viajó por La Florida, norteamericana, en 1564. Muchos años después, ya de regreso en

Europa, decidió pintar de memoria lo que había visto en nuestro continente. Hizo entonces el primer retrato que se conozca del aligátor, al que describió como un monstruo de casi... ¡12 metros de longitud!

En realidad, los ejemplares más grandes alcanzan a medir 3.5 metros, lo que ya es bastante.

Si bien la palabra reptil significa "el que repta o se arrastra", estos supervivientes de la época de los dinosaurios caminan en tierra, pero con bastante torpeza.

¿Será por eso que lloran?

Claro que no. Lo que sucede es que se pasan la mayor parte del tiempo sumergidos a medias en el barro de los pantanos, acechando. Por eso tienen los ojos entrecerrados y húmedos, como si derramaran abundantes lágrimas...

Sin embargo, no hay llantos ni torpezas cuando se abalanzan sobre su presa.

¡Hay que ver con qué habilidad la cazan!

209 Muy al sur

En América del Sur, a mediados del siglo pasado se constituyó una confederación de pueblos indígenas independientes; a ella pertenecían 17 tribus: las de los patagones, los tehuelches y los mapuches, entre otras.

Esto sucedió en 1860, cuando un aventurero francés muy querido por los indios, Orelie-Antoine de Tounens, se declaró rey de Araucania y Patagonia. El reino estaba en la región más austral de América, limitado por los ríos Bío-bío y Negro; tuvo constitución, bandera y su capital, llamada Mapu.

Pero esta nación indígena fue de corta duración: desapareció al morir su fundador.

210 Quechua y aimará

Muchas de las lenguas que se hablaban antiguamente en América han sobrevivido hasta ahora entre los indígenas. El idioma es algo que los une y los identifica.

Por ejemplo, la lengua quechua es hablada, hoy en día, por más de 13 millones de personas, en sus diversos dialectos: el chinchaysuyu, del norte, el lamaño o tahuantinsuyu y los llamados bolivianos. En Perú, la constitución declara el quechua idioma cooficial.

Otro ejemplo es el idioma de la tribu aimará, que habita los alrededores del lago Titicaca, muy arriba de la Puna, en la cordillera de los Andes. Lo hablan tres millones de personas, aproximadamente, entre ellas un 30 por ciento de la población de Bolivia. Es una lengua cantarina, como hecha por encargo para la poesía y el canto.

211 Una familia numerosa y rica

Pequeñitas, de 5 a 10 centímetros, o gigantescas como la carroza que le regaló a Cenicienta su hada madrina; amarillas, verdes, anaranjadas, cafecitas, rosas, casi blancas, rojas; alargadas, redondas, curvas, achatadas, rectas; de piel lisita y suave, o rugosa y áspera, o con rayas profundas, que les marcan gajos como si fueran mandarinas. Las calabazas pueden ser tan diferentes unas de otras porque pertenecen a una familia numerosa, con más de cien variedades.

Cuenta el cronista Diego de Landa que en América las calabazas se usaban "... para comer asadas y cocidas..., las pepitas para hacer guisados...; ya secas como ...recipientes o vasos".

En efecto, de las calabazas se utiliza todo: pulpa, semillas y cáscara. Con esta última, los niños ahora hacen lámparas el Día de Muertos.

Las calabazas son cucurbitáceas de origen americano y sabor delicioso, entre cuyos parientes están el melón, la sandía y el pepino. En América del Sur tiene otros nombres: zapallitos, las calabacitas tiernas y zapallo, la grande. *Zapallu* es una voz quechua.

Las calabazas son un alimento muy popular en toda América: pueden prepararse con crema; rellenas de carne o de queso; en budín o en sopa; en guisado, con alubias y maíz; capeadas; con papas en puré; en dulce, cociéndolas con piloncillo o en trozos; y en muchísimas otras formas, todas exquisitas.

¡Se me hace agua la boca!

212 Los tres héroes

"**H**asta hermosos de cuerpo se vuelven los hombres que pelean por ver libre a su patria.

"Hay hombres que tienen en sí el decoro de muchos hombres... en ellos van miles de hombres, va un pueblo entero, va la dignidad humana. Esos hombres son sagrados.

"Estos tres hombres son sagrados: Bolívar, de Venezuela; San Martín, del Río de la Plata; Hidalgo, de México.

"Bolívar era pequeño de cuerpo. Los ojos le relampagueaban y las palabras se le salían de los labios... el mérito de Bolívar fue que no se cansó de pelear por la libertad de Venezuela, cuando parecía que Venezuela se cansaba. Libertó a Venezuela. Libertó a la Nueva Granada. Libertó al Ecuador. Libertó al Perú. Fundó una nación nueva, la

212

nación de Bolivia. Ganó batallas sublimes con soldados descalzos y medio desnudos...

"San Martín fue el libertador del Sur, el padre de la República

Argentina, el padre de Chile. San Martín hablaba poco, parecía de acero, miraba como un águila, nadie lo desobedecía. Su caballo iba y venía por el campo de pelea, como el rayo por el aire. Hay hombres así, que no pueden ver esclavitud. San Martín no podía; y se fue a libertar a Chile y al Perú. En 18 días cruzó con su ejército los Andes altísimos y fríos: iban los hombres como por el cielo, hambientos, sedientos, abajo, muy abajo, los árboles parecían yerba, los torrentes rugían como leones...

"Desde niño fue el cura Hidalgo de la raza buena, de los que quieren saber. Leyó los libros de los filósofos del siglo XVIII, que explicaron el derecho del hombre a ser honrado y a pensar y hablar sin hipocresía. Vio a los negros esclavos y se llenó de horror. Vio maltratar a los indios, que son tan mansos y generosos, y se sentó entre ellos como un hermano viejo, a enseñarles... El cura Hidalgo montó a caballo, con todo su pueblo, que lo quería como a su corazón. Dijo discursos que dan calor y echan chispas. Declaró libres a los negros. Les devolvió sus tierras a los indios. Ganó y perdió batallas hasta que los españoles lo apresaron y mataron.

"Hay que querer como a padres a todos los hombres que pelearon porque la América fuese del hombre americano. A todos, al héroe famoso y al último soldado, que es un héroe desconocido."

Así describe José Martí, el poeta cubano, a nuestros héroes libertadores.

213 Gabo y su abuelita

Gabo nació en Aracataca, Colombia; como casi todos los niños, tuvo una abuelita que le contaba cuentos. Años después, cuando fue adulto, sintió que, entre otras cosas, esos relatos de su infancia habían influido mucho en él; entonces decidió escribir cuentotes, mejor dicho, novelas con títulos sorprendentes como: *Cien años de soledad, El amor en los tiempos del cólera, Crónica de una muerte anunciada, La increíble y triste historia de la cándida Eréndira y su abuela desalmada, La hojarasca,* entre otras. Cuando empiezas a leer una de estas novelas, desde las primeras páginas sientes el calor húmedo y la magia de la tierra colombiana.

Gabriel García Márquez —Gabo para los amigos— fue galardonado con el Premio Nobel de Literatura en 1982.

213

214 Reloj marino

El Golfo de México es el más grande del mundo; pero no sólo por su extensión es digno de mencionarse, también tiene secretos que recientemente han descubierto investigadores mexicanos.

Al Golfo de México lo provee de agua la corriente de Lazo. Ésta viene del Mar Caribe, entra por el estrecho de Yucatán para después salir por el estrecho de La Florida y produce en el golfo grandes remolinos que al chocar con el continente crean otros que giran al revés. Por esto decimos que el golfo es como un gran reloj marino; es decir, la circulación anticiclónica gira en el sentido de las manecillas del reloj y la circulación ciclónica gira en sentido contrario. Cada uno de estos remolinos tarda de 6 a 12 meses en cruzar el golfo de este a oeste.

Estos giros opuestos producen gran energía de movimiento, lo que permite que todo su volumen de agua se renueve cada diez años; además, este intercambio de aguas es como un sistema natural de bombeo que provoca que éstas se fertilicen más, ayudando a las cadenas alimentarias marinas que allí se desarrollan.

215 Fueron 50 millones...

Poseen jorobas como los camellos; cuernos cortos y gruesos; cuando se enojan arremeten a gran velocidad con la cola tiesa. También "...tienen barbas muy largas como las cabras; los ojos pegados a los costados de la cabeza de modo que pueden ver a quien los persigue, y cuando corren echan hacia atrás la cabeza, con la

215

barba arrastrando por el suelo..."

Ésta es la descripción que hizo un europeo asustadísimo cuando vio por primera vez a los bisontes, que vivían en rebaños numerosos en las praderas de América del Norte.

Fueron 50 millones, pero los hombres blancos casi acabaron con ellos.

216 La colección de José Celestino Mutis

Cuando el viajero alemán Alejandro de Humboldt llegó a Bogotá, Colombia, en julio de 1801, conoció a un sabio entre los sabios: el español José Celestino Mutis.

Mutis, nacido en Cádiz en 1732, viajó a Colombia a sus 28 años como médico del virrey Messía de la Cerda. En 1782, emprendió la grandiosa Expedición Botánica que tenía como fin estudiar la flora de la región.

Honrado por la visita de Humboldt, Mutis le abrió las puertas del archivo de la Expedición y expuso ante los ojos del viajero una de las colecciones más imponentes de la época: 6 847 láminas de plantas americanas pintadas por 30 artistas colombianos durante 15 años, un herbario, mapas, huesos, minerales e interesantísimos apuntes.

Hoy, este tesoro se encuentra casi en su totalidad en el Jardín Botánico de Madrid, en España.

216

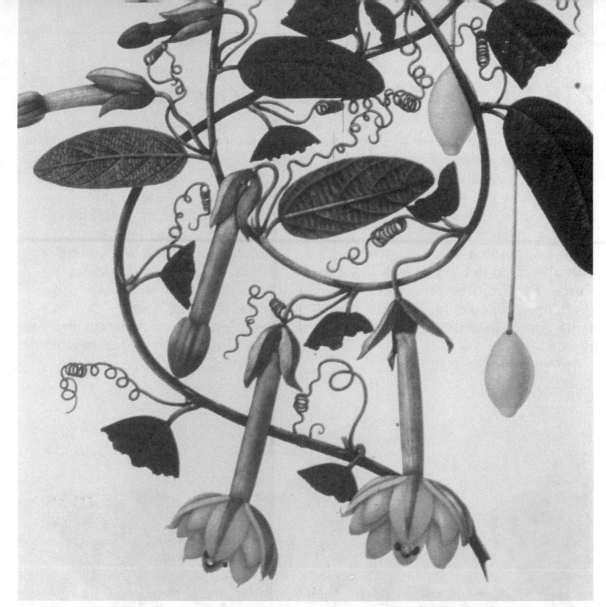

216

217 Soneto

Si para recobrar lo recobrado
Debí perder primero lo perdido
Si para conseguir lo conseguido
Tuve que soportar lo soportado.

Si para estar ahora enamorado
Fue menester haber estado herido,
Tengo por bien sufrido lo sufrido
Tengo por bien llorado lo llorado.

Porque después de todo he
                              comprobado

Que no se goza bien de lo gozado
Sino después de haberlo padecido.

Porque después de todo he
                              comprendido
Que lo que el árbol tiene de florido
Vive de lo que tiene sepultado.

El poeta argentino Francisco Luis
Bernárdez escribió este *Soneto*. Gran
representante de la voz poética de
este siglo en su país, ganó allí el
Premio Nacional de Poesía en 1944.

218 El diamante falso

Uno de los diamantes más famosos de su época fue el de los Braganza, familia que reinó en Portugal y Brasil hasta fines del siglo pasado.

Se dice que la gema era muy hermosa, pero también se dice que era falsa, ya que el renombrado diamante de los Braganza resultó ser un topacio, hallado probablemente en la región de Minas Gerais, en Brasil.

Tal vez aquello fue obra de un joyero confundido y no de un estafador, porque el topacio es una piedra bella, dura como pocas y de colores variados: amarillo, limón, anaranjado, rojo...

Brasil es el país que produce los mejores topacios del mundo, como el topacio, ¿o diamante?, de los Braganza.

219 *Añá pindá*

En los campos de América del Sur, cerca de los ríos, crece una planta llamada ñapindá, abundante en espinas, pero también en flores amarillas muy perfumadas.

En idioma guaraní su nombre significa anzuelo del demonio (añá: demonio y pindá: anzuelo). Seguramente los habitantes de la región le pusieron así porque primero atrae con su rico aroma y luego lastima con sus espinosas ramas. Otro de sus nombres es aromo o aromito. ¿Será por su perfume?

220 Plaza Congo en América

En el corazón de Nueva Orleans, puerto del río Mississippi al sur de Estados Unidos, existía una plaza llamada Congo. Pero... ¿qué hacía por esos rumbos un nombre tan africano? Pues éste fue el único lugar en ese país donde se permitió a los esclavos negros tocar sus tambores. Sus amos tenían la sospecha de que se comunicaban mensajes a través de esos sonidos. Tun, tun ta, tunta... Actualmente Nueva Orleans es una de las ciudades norteamericanas donde más se escucha la música negra.

221 La brújula más antigua

En San Lorenzo, Veracruz, un poblado de México, se descubrió un objeto imantado con una antigüedad de 3 000 años; se trata de una barrita mineral de 3.65 centímetros de largo. Cuando ésta flota sobre un corcho en agua o mercurio, su eje se orienta 36 grados al oeste del norte magnético. Los investigadores llegaron a la conclusión de que los olmecas, habitantes de la región, pudieron usarla como brújula. De ser correcto este análisis, significa que ellos se adelantaron a los chinos casi mil años.

La cultura olmeca es la cultura madre de Mesoamérica.

222 Machu Picchu, la ciudad escondida

Durante casi medio milenio, la ciudad de Machu Picchu, al norte del Cuzco, en Perú, permaneció escondida. Se corría el rumor de su existencia pero no fue sino hasta 1911 que un profesor estadunidense la halló y comprobó que no era una leyenda.

Machu Picchu es una ciudad fortificada en la cima de un monte de 2 057 metros de altura; desde allí puede contemplarse el paisaje andino de gran belleza. Sus constructores pertenecieron a una cultura anterior al gran imperio inca; en la ciudad aún se distinguen las calles muy bien trazadas y la distribución casi perfecta de sus edificios. Machu Picchu, la ciudad escondida, fue dedicada al culto de la Luna y del Sol.

223 Capitán de capitanes

Conversan Raúl, un niño rico, y Pedro Bala, el jefe de los capitanes de la arena.

Raúl: Yo tengo una bicicleta nueva y muchísimos juguetes...

Pedro: Pues yo tengo las calles, los diques, toda la ciudad.

¿Quiénes son los capitanes de la arena?

Alrededor de 100 niños, de entre 8 y 16 años, que andan por las calles de la ciudad de Bahía, en Brasil. Son una banda de "...chicos vagabundos, abandonados, que viven del robo, vestidos de harapos, sucios, agresivos, mal hablados, fumadores de colillas... dueños de la ciudad, que conocen totalmente, que aman totalmente, son sus poetas".

¿De dónde vienen?

De los orfelinatos y reformatorios donde son tratados "como fieras y los vuelven más rebeldes con castigos inhumanos", cuenta un sacerdote. Dice una madre humilde: "En el reformatorio los castigan guardianes sin alma; hay que ver la comida que comen, el trabajo de esclavos que hacen, las palizas que les dan...". Por eso se escapan y por eso existen los capitanes de la arena.

¿Dónde viven?

Durante años, en un viejo depósito abandonado sólo habitaron los ratones. Cierto día uno de la banda entró en él y descubrió que era mejor hospedaje que la pura arena. Desde esa noche, gran número de capitanes de la arena duermen allí, en compañía de los ratones, bajo la luna amarilla.

¿Qué será de ellos?

Uno será bandolero, otro pintor; alguno, vividor; otro más, militante obrero; de grandes, algunos llevarán una vida digna, mientras que otros serán viciosos y resentidos. Unos morirán como Sem-Pernas, el renguito, o Dora, la niña-mujer que se convirtió en estrella.

Hace muchos años, el escritor brasileño Jorge Amado narró esta historia en una novela llamada *Capitanes de la arena*.

El maravilloso don de Jorge Amado mostró al mundo la vida de estos niños. Ahora todos esperamos que se realice la maravilla de que no haya más niños que tengan que vivir en la calle.

224 Los llanos de Moxos

Contaba una leyenda que en la selva de Bolivia había unas piedras con dibujos extraños, semirredondas de casi 1.5 metros de diámetro. En 1992, una expedición catalano-boliviana comprobó que la leyenda era verdad. Después de varios meses de explorar la selva, los arqueólogos hallaron las piedras en los Llanos de Moxos, zona inhóspita y de temperatura que casi alcanza los 55 grados centígrados.

Se piensa que la cultura tiahuanaco, anterior a la inca, habitó la región y dejó como testimonio estas rocas con figuras aún indescifradas. Los exploradores también encontraron canales para regadío y lomas artificiales que suponen sirvieron para proteger al pueblo de las inundaciones. Estas obras confirman que los antiguos habitantes de Moxos tuvieron grandes conocimientos de ingeniería hidráulica.

225 Bamba

En las sierras de Córdoba, en Argentina, hay una gruta que guarda muchos secretos.

Cuenta una leyenda de la región que en ella se refugiaron el indio Bamba y su mujer, una joven blanca. Fue durante la época colonial que Bamba, sirviente de una hacienda, se enamoró de la bella española, hija de su amo. Sabiendo que no permitirían su amor, huyeron a las serranías, donde vivieron escondidos muchos años y tuvieron varios hijos. La unión de Bamba con la joven española representa el mestizaje.

226 El quiebrahachas

El verdadero nombre de este árbol es jabí, porque así lo llamaban los indios sudamericanos; pero cuando llegaron los españoles, admirados ante la dureza del tronco, decidieron bautizarlo quiebrahachas. Hoy se conoce como quebracho.

La madera del quebracho colorado es tan dura y resistente que no se descompone con el agua, por eso se usa para construir muebles, barcos, postes telefónicos y durmientes;

además, es rica en tanino, sustancia que sirve para curtir cueros.

Un árbol con semejantes características no podía pasar inadvertido para los industriales de la madera; La Forestal, empresa británica que explotó el quebracho en Argentina durante muchísimos años, llegó a ser tan poderosa que tuvo moneda y redes ferroviarias propias. Fue como un país dentro de otro país.

227 El de la cola "multiusos"

El extremo de su cola tiene una parte pelada y con arrugas como la palma de una mano; esta punta es muy sensible —da la impresión de que con ella viera lo que está a su espalda— y tan hábil que puede recoger alimentos pequeñitos, por ejemplo semillas. Pero su cola también es fuerte y le sirve de cuerda para sujetarse a las ramas y columpiarse alegremente sin peligro de una caída; las madres la usan para sostener a sus bebés y llevarlos bien amarraditos...

¿Quién tiene una cola tan útil? El mono araña.

Este excelente acróbata y sus parientes americanos —el tití y el aullador, entre otros— tienen la cola prensil, con la que se sujetan, usándola como mano. Los monos del Nuevo Mundo son los únicos primates que comparten esta ventajosa característica.

228 Sobre gustos...

Con un litro de agua hervida, dos nopalitos tiernos y bien pelados, un limón y media taza de azúcar puede prepararse agua de nopal.

Es fácil, se licuan los dos nopales en medio litro de agua; luego, se cuela el líquido y se vierte en una jarra grande; se le agrega el resto del agua, el jugo del limón y el azúcar y se enfría.

El nopal es rico, nutritivo y saludable, porque tiene proteína, grasa, calcio, hierro, vitaminas A, B1, B2 y C, niacina y fibra. Los médicos afirman que ayuda a curar la diabetes y la obesidad.

El nopal es una cactácea oriunda de América del Norte, cuyo fruto —la tuna— es delicioso. A pesar de sus cualidades, fue rechazada por los europeos; cuentan que más de uno se llenó de espinas la boca y la garganta cuando quiso saborear una tuna. El fraile Bernardino de Sahagún la llamó planta monstruosa. Sin duda, sobre gustos...

228

229 Istmo, camino de tanta gente

Como un brazo de tierra oscuro y musculoso, el istmo de Panamá une América Central con América del Sur. Tiene apenas 500 kilómetros de largo y de 50 a 70 kilómetros de ancho; sin embargo, por él ha caminado tanta gente...

Hace mucho tiempo, hasta allí llegaron del norte, mayas y nahuas. Del sur llegaron los chibchas, orfebres geniales.

Los lugareños kunas, guaimíes y citaras iban tras las huellas del tapir, del puma amarillo, del puma negro, del puma colorado; seguían el canto de la guacamaya entre los helechos y los árboles gigantes de maderas preciosas, vadeaban ríos tratando de hallar en la selva alta esas ranas doradas, que casi deslumbran. Por el mar, sobre veloces piraguas, desde sus islas arribaron los bravísimos caribes.

Istmo, camino de tanta gente...

Vasco Núñez de Balboa hizo que 1 000 indios cargaran sobre sus espaldas las piezas de las naves desarmadas, llevándolas por tierra de una orilla a la otra, para ponerlas a navegar en las aguas de ese océano que él aseguró descubrir.

229

Durante la Colonia, el oro y la plata de Perú, Ecuador y Colombia pasaban por el istmo, se embarcaban en Portobello, Panamá, y seguían viaje rumbo a España.

Istmo, camino de tanta gente...

230 Esculturas que hablan

Existen muchas formas de registrar la historia de una familia: libros, árboles genealógicos, escudos heráldicos... Los indios de América del Norte lo hacían en sus tótems.

Los tótems son postes de cedro rojo —algunos de hasta 30 metros de altura— con grabados superpuestos de seres humanos y animales, pintados con pigmento natural.

Los seres humanos son los antepasados de la familia que posee el tótem. Los animales —orcas, osos y aves rapaces, entre otros— son los espíritus tutelares que una vez se aparecieron ante uno de los miembros, ya sea para protegerlo o para enseñarle cómo beneficiar a la comunidad.

El tótem indica también cuánto poder tiene el jefe de la familia.

Para quien sepa comprenderlos, los postes totémicos de los indios de América del Norte son esculturas que hablan.

230

231 El tomate, alma de los guisos

...se hunde
el cuchillo
en su pulpa viviente,
es una roja
víscera,
un sol
fresco,
profundo,
inagotable...
¡es hora!
¡vamos!
y sobre
la mesa, en la cintura
del verano,
el tomate,
astro de la tierra,
estrella
repetida
y fecunda,
nos muestra
sus circunvoluciones,
sus canales,

la insigne plenitud
y la abundancia
sin hueso,
sin coraza,
sin escamas ni espinas,
nos entrega
el regalo
de su color fogoso
y la totalidad de su frescura.

Estos fragmentos pertenecen al poema "Oda al tomate" del chileno y Premio Nobel de Literatura, Pablo Neruda.

Sin duda, el poeta también se cautivó con la exquisita sencillez del tomate, originario de Perú, Ecuador y México, lugares en donde se encuentran varias formas silvestres. En México se le llama comúnmente jitomate.

231

La palabra tomate proviene de la voz náhuatl *tomatl* y significa fruto de agua. Los conquistadores lo llevaron a España en el siglo XVI y allí lo usaron igual que en nuestro continente: para preparar carnes y salsas. Después, en el siguiente siglo, el tomate llegó a Italia en donde lo guisaron con los macarrones chinos, platillo que hoy es típico de la cocina italiana. A partir del siglo XVIII, fue conocido en todo el mundo y se convirtió en el alma de los guisos, sopas y ensaladas. Su jugo es tan vitamínico y sabroso que los estadunidenses pusieron de moda tomarlo como aperitivo antes de la comida. También con él pueden hacerse dulces en conserva.

No cabe duda, el tomate es el fruto americano más viajero e indispensable en la cocina internacional. No en vano los italianos lo llaman pomodoro, que significa, manzana de oro.

Podría decirse que es uno de los mejores regalos que América dio al mundo.

232 Para un trabalenguas: mundurucú

Si bien mundurucú parece una palabra inventada para un trabalenguas, lo cierto es que tiene un significado profundo. Mundurucú es un pueblo de indios del Brasil que viven en el valle del río Amazonas; hablan la lengua tupí, creen en los seres sobrenaturales y se dedican a la recolección del caucho; esta labor los relaciona con la población mestiza del Brasil. Sin embargo, el pueblo mundurucú no ha perdido un pensamiento propio muy antiguo: cree ser de origen superior.

233 Zoológico fantástico

En Oaxaca, México, hace más de 500 años que los indígenas zapotecas tallan la madera de copal. Así nacen animales multicolores, que se parecen a los reales y a los de fantasía.

Jirafas y pájaros cubiertos de flores. Lagartos con alas y perros de ojitos pícaros. Ciervos que brincan con energía y tigres dormilones a quienes les crecieron hojitas por todo el cuerpo. Las víboras con lunares se desenrollan perezosamente, mientras las tortugas asoman su cabeza brillante. Todos marchan en un desfile divertido, luciendo colores verdes, azules, rojos, amarillos, anaranjados, violetas y negros.

¡Son un arco iris!

233

234 Las momias de Paracas

En 1925, en la península de Paracas al sur del Perú, el arqueólogo, etnólogo y médico Julio C. Tello, hizo un descubrimiento sorprendente: un cementerio con más de 400 momias que pertenecen a una cultura más antigua que la incaica. Pero tal vez, lo más extraordinario resultaron ser los tejidos perfectamente conservados que las envolvían. Éstos, con hermosísimos y complejos dibujos geométricos de seres humanos y animales, están hechos con algodón oriundo del lugar y pelo de vicuña, y teñidos con tintes vegetales.

Tello dejó testimonio de este descubrimiento en su libro *Introducción al estudio de las civilizaciones de Paracas*.

235 Orinucu, Orinoco

Venezuela está regada por más de 1 000 ríos. Uno de ellos, el Orinoco, es el tercero más caudaloso de Sudamérica y recorre el país a través de casi 3 000 kilómetros.

Cristóbal Colón —el primer europeo que vio su enorme desembocadura— pensó que tras ella se extendía el continente buscado... la parte oriental de Asia pero... qué equivocado estaba.

Años después, el español Diego de Ordás escuchó a los indios tamanak nombrarlo Orinucu, que significa agua grande. Desde entonces, se le llamó Orinoco.

El Orinoco nace al sur de Venezuela, en el cerro Delgado, cerca de la frontera amazónica con Brasil; allí el agua forma un pantano. Un kilómetro más adelante, ya tiene su línea definida y sigue así hasta desembocar en el Atlántico.

Sus aguas —que forman brazos y cataratas— pasan por algunos lugares misteriosos. Uno es el Cerro Pintado, con jeroglíficos indios; otro es el Cerro de los Muertos, en donde hay una gruta funeraria. El Orinoco alcanza su mayor anchura desde Punta Parima hasta la Isla Cangrejo a lo largo de 28 kilómetros; su parte más angosta, a la altura de Ciudad Bolívar, es de 800 metros, por lo que a este lugar también se le conoce como Angostura.

El cubano Alejo Carpentier describió en su novela, *Los pasos perdidos*, cómo un europeo, en pleno siglo XX, remonta este río y descubre tantas maravillas...

En un río con nombre milenario, las aguas caudalosas hacen eco y parecen repetir sin cansarse: Orinucu... Orinoco...

236 Energía y más energía

Muchas tribus que habitan en la región del Río Grande y norte de México, kiowas, comanches, arapajos, cheyenes, pawnees, omahas, winnebagos, huicholes, tarahumaras, coras, acostumbran comer el peyote, planta de la familia de las cactáceas. Peyote viene del náhuatl *peyotl* que significa que alucina.

Otros nombres de este fruto son *jícure*, en lengua huichol, y *jículi*, en tarahumara. Según estos indígenas, el jículi es un dios "no tan grande como el Padre Sol, pero que se sienta a su lado". También afirman que "es hermano de Tata Dios, por eso se le llama tío". El escritor mexicano Fernando Benítez dice que "produce gran alegría y aplaca la sensación de hambre y sed... alivia de todo cansancio y se siente renacer el esfuerzo". Por eso lo comen en una fiesta ritual apacible, mientras danzan alrededor de una hoguera, vestidos de amarillo.

Esta curiosa planta se cría silvestre y sirve también, en aplicaciones, para aliviar quemaduras, heridas, mordeduras de víboras y dolores reumáticos.

236

237 Luz aprisionada

La luz, cautiva en una jaula, apenas brillaba... Una vez, un pájaro enorme y negro, como la noche de donde provenía, abrió la jaula y la luz invadió el mundo. Esta leyenda fue creada por los chibchas, antiguos habitantes de un vasto reino que se extendía desde lo que hoy es Honduras, hasta el río Apure, en Venezuela, y el volcán Chimborazo, en Ecuador.

238 Mocasines al norte, ojotas al sur

Los mocasines son unos zapatos hechos de piel sin curtir, de una sola pieza, suavecitos y flexibles porque no tienen costura, abotonadura, agujetas ni suela. Los inventaron los navajos de las praderas de América del Norte, quienes seguramente los hacían de piel de bisonte para caminar con sigilo y correr con facilidad. Después los fabricantes de calzado los imitaron y los mocasines se hicieron muy populares en todo el mundo. La palabra mocasín es de origen algonquino, idioma de los indios que vivían en la región de los grandes lagos y al norte del río San Lorenzo.

En América del Sur, los habitantes de los Andes también diseñaron su propio calzado, una sandalia de cuero o de filamentos vegetales que llamaron *uxuta*, palabra quechua. La ojota —como se le dice ahora— es también un calzado muy popular, en especial entre los campesinos de Chile y Perú.

239 Suicidio

El Sumidero —uno de los cañones más profundos de la Tierra— se encuentra muy cerca de la ciudad de Tuxtla Gutiérrez, capital del estado de Chiapas, en México.

En los bordes del cañón —a veces, a más de 900 metros de altura— existen varios miradores, desde donde podemos contemplar, como si fuera una hebra de agua, el río Grande, tributario del Grijalva.

Cuenta la tradición que los indios chiapa prefirieron arrojarse al precipicio desde uno de los bordes del cañón del Sumidero, antes de darse por vencidos frente a los españoles.

240 Como mínimo, uno cada década

El continente americano se ha distinguido por tener buena letra, es decir, escritores famosos que han brillado en la literatura universal. En los últimos 60 años, resulta curioso observar que ocho grandes de América recibieron el Premio Nobel de Literatura. Estos premios han sido otorgados como mínimo, uno cada década. Los galardonados son:

Gabriela Mistral, 1945, chilena.

Ernest Hemingway, 1954, estadunidense.

Miguel Ángel Asturias, 1967, guatemalteco.

Pablo Neruda, 1972, chileno.

Saul Bellow, 1976, estadunidense.

Gabriel García Márquez, 1982, colombiano.

Octavio Paz, 1990, mexicano.

Derek Walcot, 1992, antillano.

Toni Morrison, 1993, estadunidense.

241 Pistas que despistan

Espirales, triángulos, trapecios, monos, arañas, peces, reptiles, aves, todos gigantes... para ser vistos desde el cielo, en globo o en avión. Así son las pistas de Nazca en la Pampa Colorada del Perú.

Estos geoglifos están trazados sobre el suelo mediante una sola línea formada por surcos de 30 centímetros de profundidad con bordes de piedras; las figuras de animales miden de 50 a 150 metros de longitud.

¿Quiénes trazaron las pistas?

Los nazcas, pertenecientes a una cultura anterior a la inca.

¿Cuándo las trazaron?

Hace casi 1 500 años.

¿Cómo las dibujaron?

Utilizando el método de la cuadrícula a tamaño gigante.

¿Para qué?

Esta pregunta no ha sido respondida, pero hay muchas explicaciones que despistan a los más abusados, hacen reír a los

241

incrédulos o dejan pensando a los soñadores; mucho tiempo se creyó que eran:

- un antiguo sistema de regadío
- un mapa astronómico
- estadios cuyas líneas debían recorrer los atletas; quizá éstos fueron antecesores de los veloces chasquis, los hombres correo del imperio inca.

Otros investigadores suponen que cada figura representa el tótem o animal sagrado de una familia; ésta lo recorrería a manera de peregrinación.

Hay quienes afirman que:

- fueron señales o pistas de aterrizaje para extraterrestres
- una raza de gigantes decidió usar la Pampa Colorada de pizarrón

Pistas que despistan... Si no te convence ninguna de estas hipótesis, puedes inventar la tuya.

242 Diostevé

¿Quién no reconocería un hermoso tucán? Este pájaro americano es pequeño, con plumaje negro y de colores vivos, casi como cualquier otro; sin embargo, no pasa inadvertido gracias a su pico: muy largo, en relación con su cuerpo, pero muy liviano porque es hueco. De otra manera, se iría de pico...

El tucán lanza un grito que parece una promesa: diostevé... diostevé... Es como si hablara en vez de cantar. Por eso, también se le conoce con este nombre: diostevé, mientras que otros lo llaman diostedé.

243 El obispo que hizo justicia

Cuando el conquistador Pedro de Alvarado agonizaba en Guadalajara, México, ordenó que su testamento lo dictara y llevase a cabo el obispo de Guatemala, Francisco Marroquín.

Éste era gran amigo del capitán español; sin embargo, siempre criticó las injusticias y crueldades que cometió Alvarado en tierras americanas.

Por medio del testamento, Marroquín devolvió la libertad a todos los indios esclavos de Guatemala que labraban las tierras y éstas pasaron a ser propiedad de los campesinos. También, dio la libertad a los que trabajaban en las minas, les redujo la jornada de labores y en cuanto se agotara la veta, ellos podrían cultivar la tierra como los otros indígenas. Además, con el oro y el costo de todas las propiedades de Alvarado, Marroquín pagó parte de las deudas que éste tenía.

Éstas son apenas algunas de las cosas favorables del testamento de Alvarado que llevara a cabo Francisco Marroquín, el obispo que hizo justicia.

... Tiernos, tiernos
idólatras
de la miel, secretarios
de los astros,
vencidos
vencedores
del más antiguo enigma...
(Fragmento de "Oda a Guatemala",
poema escrito por Pablo Neruda).

244 Guaraní, lengua de hoy

El idioma oficial de Paraguay es el español. Sin embargo, casi toda la población también habla el guaraní, lengua de sus ancestros desde antes de que arribaran los europeos. Y muchas palabras guaraníes nombran lugares, plantas y animales de la región.

Fíjate en éstas:

Mbayá: indios del Chaco que combatieron contra los conquistadores en Asunción.

Mbocayaty: población ubicada en Guairá, Paraguay.

Mbaracayá: nombre del ocelote.

Mbaracayú: sierra ubicada en el Alto Paraná, que sirve de frontera entre Paraguay y Brasil.

Mbuyapey: población de Paraguarí.

Mbatará: color jaspeado en las gallináceas.

Mburucuyá: nombre de la flor de la pasión o pasionaria.

¿Notaste que todas empiezan con las letras mb? Aunque no sepamos qué significan, sí podemos afirmar que son de origen guaraní.

Los paraguayos son bilingües; usan dos idiomas en su vida cotidiana.

244

245 Mapa en flor

Norte: negro, son las tinieblas y la
noche.
Sur: azul, es el cielo.
Este: rojo, significa el Sol.
Oeste: blanco, como el vestido de las
mujeres.

Con estos cuatro colores se pintó el mapa del mundo en la época prehispánica. Los pobladores de Mesoamérica representaron en él toda la región por ellos conocida. Fue un mapa muy particular, por cierto: una flor grande con cuatro pétalos, unidos por una piedra preciosa verde, la cual tenía un hoyo en su centro. Para los mesoamericanos, este agujero era el ombligo del mundo y simbolizaba la abertura por la que el pueblo se comunicaba con los dioses.

246 Pelota de lumbre

Aunque tuvo mayor auge en Mesoamérica, entre los adultos el juego de pelota se ha practicado en casi todo nuestro continente desde hace alrededor de 3 000 años.

Antiguamente no era fácil determinar dónde finalizaba el espectáculo y empezaba una ceremonia, así que el llamado juego de pelota era más un rito que un pasatiempo. En él se representaba el orden del cosmos, que los humanos debían conservar; el jugador que perdía, perdía también la vida. En la ciudad prehispánica de Tajín, México, existe el mayor número de espacios para el juego de pelota: 17 en total.

Una de las formas más originales de esta práctica fue la "pelota de lumbre", que se jugó en Michoacán, México, hasta hace unos 45 años (sin muertos de por medio, claro). El partido se realizaba de noche, con una bola hecha de fibras vegetales y brea. La pelota se encendía y mientras ardía como un sol, los competidores la empujaban con bastones.

247 Camilla india

Los indios pies negros vivían en el corazón de América del Norte, siguiendo siempre la pista del bisonte, que les brindaba carne para comer y piel para construir sus casas.

Los pies negros disponían de un medio de transporte sencillo que antes era arrastrado por perros y luego por caballos, cuando éstos se multiplicaron en América; se trata de la camilla india o *travois*, una plataforma sin ruedas, sostenida por dos varas resistentes y flexibles que se cruzan sobre el lomo del animal, formando una A mayúscula.

248 La flor de la pasión

La pasionaria es una planta originaria de América del Sur. Pero ese nombre —flor de la Pasión— se lo pusieron los cristianos cuando llegaron a nuestro continente, porque en su bella flor están representados los atributos de la pasión de Cristo: la corona de espinas, los clavos, las heridas.

Esta planta pertenece a la especie de las pasifloráceas, de las cuales se extrae una sustancia tranquilizante que se usa actualmente en farmacopea.

En guaraní, la pasionaria se llama *mburucuyá*.

249 Calibán y Próspero en las Bahamas

"**¡M**e enseñaste a hablar y mi ganancia es que ahora sé maldecir, la plaga roja caiga sobre ti por haberme enseñado tu lenguaje!"

Éstas son las primeras palabras que Calibán, natural de una isla tropical, le dirige a Próspero, un culto mago europeo que había naufragado en ella durante una tormenta.

Aquí relatamos apenas un episodio de *La tempestad*, obra de teatro escrita en 1611 por el inglés William Shakespeare, uno de los dramaturgos más grandes de todos los tiempos.

Muchos estudiosos de la literatura coinciden en que en *La tempestad*, Shakespeare intenta dar su versión de la conquista de América; se sabe que antes de escribirla leyó y releyó el relato del naufragio del barco *Sea Adventures* —Aventuras en el mar— ocurrido en una de las islas del archipiélago de las Bahamas o Lucayas.

Citamos las palabras de Calibán (con las letras de este nombre se puede formar la palabra caníbal) porque han dado mucho que pensar: ¿es justo que el natural le conteste de ese modo al extranjero que le ha enseñado a hablar su idioma o no?

Se han escrito libros para dar la respuesta. ¿Tú qué piensas?

250 Los indios de Concepción

"**E**s todo: un pueblo y una sementera, y una mina de oro, y si las casas no se ponen unas sobre otras, no pueden caber en ella más de las que tiene; próspera de ganado como la de Perú, con una lana que le arrastra por el suelo; abundosa de todos los mantenimientos que siembran los indios para su manutención, así como maíz, papas, quina, madi, ají y frijoles.

"La gente es crecida, doméstica, y amigable y blanca, y de lindos rostros; ...aman en demasía los hijos y mujeres y las casas, las cuales tienen muy bien hechas y fuertes con grandes tablazones... tiénenlas llenas de todo género de comida y lana; tienen muchas y muy grandes vasijas de barro y madera. Son grandísimos labradores y tan grandes bebedores... Es de muy lindo temple la tierra, y se darán en ella todo género de plantas de España mejor que allá. Esto es lo que hasta ahora hemos reconocido desta gente."

Así se maravilló de la tierra a conquistar el soldado español Pedro de Valdivia; se refiere a la región que hoy conocemos con el nombre de Chile y a sus antiguos pobladores, los mapuches o araucanos. Pedro escribió al emperador Carlos V todo lo que había en el Nuevo Mundo, lo hizo en varios documentos que se llaman *Cartas que tratan del descubrimiento y conquista de Chile*.

251 Un salto muy alto

Un salto muy alto, sí, pero de agua. ¿Sabías que en Venezuela está la cascada más alta de la Tierra? Se llama Salto de Angel porque la descubrió un tal Jimmy Angel cuando, desde su avioneta en pleno vuelo, vio brotar entre las nubes un inmenso chorro de agua. La caída mide casi 1 000 metros de altura y recibe el caudal del río Aymaricil.

252 El Dorado

Hace muchísimos años, más de 500, el rey zipa, jefe de los chibchas de Batacá, se untaba el cuerpo con una sustancia gomosa y se cubría con polvo de oro. Así, convertido en una estatua viviente de metal precioso, rodeado de tesoros, navegaba por la laguna de Guatavitá. A su paso, los súbditos arrojaban al agua parte de sus riquezas.

Esta esplendorosa costumbre, que se practicaba todos los años en una laguna volcánica en lo que hoy es Colombia, dio origen a la leyenda de El Dorado, país fabuloso más rico que Perú y México, a donde quisieron llegar muchos europeos; Belalcázar, Jiménez de Quesada, Felipe de Hattan, Humboldt fueron algunos. En varias oportunidades se intentó secar el lago, perforando la pared del cráter para desagotarlo. A principios de este siglo, una compañía inglesa prácticamente lo vació, logrando así obtener algunas piezas valiosas; pero

la naturaleza se encargó de aguar la fiesta: cuando los trabajadores y técnicos regresaron a la mañana siguiente al descubrimiento, el lodo había endurecido como si fuera cemento; poco después, el cráter se inundó de nuevo.

Si bien se hallaron esmeraldas y piezas de oro diestramente talladas, el tesoro no corresponde al de la leyenda; algunos historiadores sospechan que ésta fue inventada por los indios para alejar de su territorio a los conquistadores. Buena táctica, ¿no?

253 Supernova a la vista

Los antiguos habitantes de nuestro continente se pasaban buena parte de la vida observando el cielo, y tenían muy buenas razones: éste era un inmenso calendario que les indicaba el paso del tiempo, la llegada de las lluvias, la hora de la siembra.

Nada extraño que ocurriese sobre sus cabezas les pasaba inadvertido a estos miracielos. Una prueba irrefutable es la pintura hecha por los anasazis sobre la pared de un cañón en Nuevo México. Data de mediados del siglo XI y, según los astrónomos, la estrella dibujada representa una supernova que se vio en el año 1054. La Luna, en fase creciente, indica el momento en que observaron el fenómeno.

Esta información se obtuvo del libro *Cosmos* de Carl Sagan.

254 La primera ciudad

La Isabela fue la primera ciudad americana fundada por europeos. Colón le puso ese nombre en 1493, en honor de la reina Isabel la Católica, quien había financiado su expedición a las Indias. La segunda fundación ocurrió en 1496 y la realizó Bartolomé Colón, hermano de Cristóbal: fue la ciudad de Santo Domingo.

255 Dulce en lo salado

El río Amazonas es el más caudaloso del planeta y desemboca en el Océano Atlántico. Este río tiene tanto caudal que, después de haber avanzado 100 kilómetros mar adentro, el agua es dulce todavía.

256 Zanjas petroleras

Cada quien con su propia tecnología. En la época preincaica, los habitantes del Perú explotaban el petróleo de una manera sencilla y eficaz.

Excavaban zanjas rectangulares poco profundas y esperaban que el petróleo aflorara; después, éste se iba acumulando poco a poco junto con agua. Por la diferencia de densidad de las dos sustancias, podían separarlas.

Este procedimiento se usó durante toda la época colonial hasta 1867, cuando se perforó el primer pozo llamado La Cruz.

257 Capsicum, el picosito

...hecho una pasta, mezclado con un poco de aceite y sal, es el único condimento de que disponen millones de hindúes para aderezar su arroz. El capsicum, o *chilli* en náhuatl y mejor conocido por chile, fue de las primeras plantas que se cultivaron en América. Según las investigaciones arqueológicas, hace casi 7 000 años ya había algunas especies domésticas en Tehuacán, México, donde nació y se desarrolló con ayuda de los habitantes de entonces.

Las primeras veces que comes chile sudas, estornudas, toses y lagrimeas, pero luego luego te encanta y aprendes a distinguir los sabores de las distintas especies: guajillo, pasilla, ancho, cascabel, de árbol, morita, serrano, poblano, chilaca, manzano, chipotle, piquín, mulato, habanero... todos picosos y todos muy nutritivos por su alto contenido de vitamina C e hidrógeno.

Cuando lo trasplantaron al Viejo Mundo tuvo gran éxito; en la India, por ejemplo, es ingrediente imprescindible de toda salsa. Y en México, por supuesto, todo lleva chile.

257

258 Monumento equinoccial

La línea imaginaria que divide la Tierra en hemisferio norte y sur, es decir, el Ecuador, no es tan imaginaria. En Ecuador, país sudamericano, existe una escultura en homenaje a este símbolo: es el Monumento Equinoccial, erigido a 25 kilómetros de Quito, la ciudad capital del país. Si visitas el monumento, piensa que estás parado en uno de los puntos de la circunferencia más larga del planeta.

A raíz de las mediciones del meridiano terrestre a este país se le nombró como "Tierras del Ecuador".

259 Grana cochinilla

La grana cochinilla o cochinilla del nopal, originaria de América, es un insecto del tamaño de una chinche. A simple vista nadie daría un peso por ella, sin embargo, ha gozado de gran fama durante cientos de años. La grana cochinilla fue muy apreciada en tiempos de la Colonia porque molida se convierte en un codiciado colorante: su polvo, disuelto en agua, produce una tintura de color rojo intenso, excelente para teñir estambres, algodones y sedas.

La hembra de este insecto nunca se mueve de su hogar, el nopal; pasa sus días inmóviles, fija en la planta.

260 Mujer que sabe latín...

...**n**i tiene marido, ni tiene buen fin.

Este refrán nos cuenta cómo, en la época de nuestras abuelas, se pensaba que las mujeres debían dedicarse a cuidar de su casa y sus hijos. Nada de estudios si querían casarse.

La mexicana Rosario Castellanos escribió 30 ensayos sobre mujeres que destacaron en alguna profesión o trabajo y los publicó en un libro que se llama *Mujer que sabe latín.* Fue maestra, diplomática y escritora, y ganó varios premios. Quizás el que recibió con más agrado fue el denominado Sor Juana Inés de la Cruz, por llevar el nombre de otra mujer inteligente y estudiosa.

Rosario nació en 1925 y murió en 1974. A pesar de saber latín, fue una mujer guapa que escribió para los niños la poesía "El tejoncito maya" que dedicó a una pieza del Museo Arqueológico de Tuxtla, en Chiapas.

Cubriéndote la risa
con la mano pequeña,
saltando entre los siglos
vienes, en gracia y piedra.
Que caigan las paredes
oscuras que te encierran,
que te den el regazo
de tu madre la tierra;
en el aire, en el aire
un cascabel alegre
y una ronda de niños
con quien tu infancia juegues.

261 Tamales

"**T**ambién ofrecían sobre las sepulturas de los muertos, adonde estaban enterrados, a cada uno un tamal y esto hacían antes que ellos comiesen los tamales. Después comían todos."

Así cuenta el monje franciscano y cronista Bernardino de Sahagún cómo los aztecas, en el último mes del año, homenajeaban a sus muertos.

Los tamales son, sin duda, antiguos y americanísimos. Por lo general se hacen mezclando masa de maíz con un poco de grasa y carne de cerdo o pollo deshebrado. Luego el montoncito se envuelve en hojas de maíz o chala —como se le dice en Sudamérica— o bien en hojas de plátano. Hay también tamales de elote, de frijol y dulces. Todos se cocinan al vapor.

Los tamales pueden ser pequeños como un puño o tan grandes como el zacahuil, que mide un metro y lleva la carne de todo un cerdo; este platillo se prepara en el estado de Hidalgo, México.

Hoy se saborean desde Nuevo México hasta Chile y Argentina; en algunas regiones son tan populares que los niños juegan a tamalitos a la olla o a veces cantan...

Pelón pelonete
cabeza de cuete
vendiendo tamales
a cinco o a siete...

262 América retumba

¿**L**a oyes? ¡América retumba! No sólo por el ruido de sus volcanes o de sus cataratas; retumba también por aquellos sonidos que produce el hombre con sus instrumentos. Y en esto no hay quien supere a los descendientes de africanos.

¿Sabes? En sus ritos usan campanitas de metal —algunas dobles—, maracas, frutos secos cubiertos por una red con piedras ensartadas, planchas de madera para frotar y tambores, un sinfín de tambores. Los hay como para elegir. Tal vez el más curioso sea el tambor sagrado Assotor, de hasta 10 metros. Se toca en Haití, durante las festividades que se hacen cada 3, 7 o 21 años. ¡América retumba!

263 Un lagartón y una lagartija

En las islas Tortugas, perdón, en las Islas Galápagos, ubicadas en el Oceáno Pacífico, frente a Ecuador, viven muchos animales extraños. Por ejemplo, dos amigos: el lagarto lava, pequeño habitante de tierra, y la iguana negra de mar, que mide alrededor de un metro.

La iguana de mar es el único saurio de agua salada del mundo. Gusta de la comida marina —las algas— y puede permanecer entre 10 y 15 minutos bajo del agua. Claro está, después se tiende al Sol, sobre las negras rocas de la playa. Es entonces cuando su pequeño amigo, el lagarto lava, se le trepa encima y así se quedan los dos, muy tranquilos.

264 Para sudar en serio

En las selvas brasileñas vive el jaborandí, un árbol cuyas hojas tienen el mismo gusto y olor que las del naranjo. Con ellas se prepara una infusión que hace sudar y salivar en serio a quien la bebe. El jaborandí —así lo bautizaron los tupíes— tiene usos medicinales, por ello forma parte de la rica herbolaria americana.

265 El protector de los indios

El español fray Bartolomé de Las Casas vivió 92 años (de 1474 a 1566). A pesar de las dificultades y peligros de la navegación de entonces, fue quien cruzó el Océano Atlántico con mayor frecuencia: 14 veces.

El incansable viajero no iba de un mundo al otro por gusto, sino para defender a los nativos americanos ante la Corte española, denunciando los abusos que cometían los conquistadores. Sus alegatos influyeron para que el monarca Felipe II dictara leyes que mejoraran la situación de los indios.

El Padre de los indios fue obispo en Chiapas, México, y escribió dos libros: *Relación de la destrucción de las Indias* e *Historia general de las Indias.*

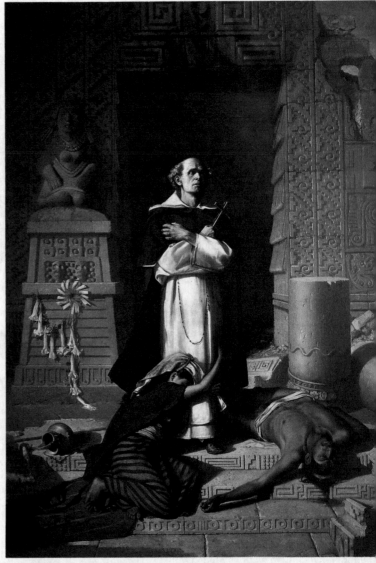

265

266 Naranjero, naranjerito...

En la región selvática del Chaco, en Paraguay, Argentina y Brasil, hay muchísimos naranjales desde que llegaron los españoles y algún aventurero dejó caer unas semillas.

Por allí vive un pájaro comilón de naranjas que no se conforma con devorar algunas, sino que picotea todas las que puede, volando de un árbol al otro.

Los indios guaraníes que allí habitan cuentan la historia de un indiecito pícaro, llamado Chohuí, que se trepaba hasta las ramas altas en busca de las naranjas más dulces. Pero un día se cayó y se murió del golpe. Los dioses se compadecieron del niño y lo transformaron en naranjero, pájaro que desde entonces vuela alegremente de naranjo en naranjo. Ahora sí que come todas las que se le antojan. Hay una canción que narra la historia de Chohuí y dice:

Cuenta la leyenda que en un árbol
se encontraba encaramado un
                    indiecito guaraní
que sobresaltado por el grito de su
                                madre
perdió apoyo y cayendo se murió...
Y que entre los brazos maternales
por extraños sortilegios
en chohuí se convirtió
chohuí, chohuí,
qué lindo es,
qué lindo va,
perdiéndose en el cielo azul turquí...

267 *Tabaré:* canto al mestizaje

En 1883, los charrúas del Uruguay fueron derrotados por los criollos. Tres años después, el poeta Zorrilla de San Martín publicó un largo poema donde enaltece el mestizaje. Su héroe es Tabaré, hijo de una blanca y un charrúa. Vale la pena leerlo.

268 Píntame toreros gordos

¿Recuerdas aquella canción que dice: píntame angelitos negros?

Seguro que el colombiano Fernando Botero prefiere que le canten: píntame toreros gordos. Ahora verás por qué.

Fernando es aficionado a los toros desde que era un adolescente; en su natal Medellín se inscribió a la escuela de tauromaquia; pero cuando tuvo frente a él a un novillo, ¡huy!, decidió que servía más para pintar acuarelas, óleos o carbones... y se dedicó a las bellas artes.

Todas sus obras representan figuras de personas, animales u objetos, cuya característica principal es la desproporción de las formas. Por ejemplo, pinta hombres y mujeres exageradamente gordos, pero siempre, alguna parte de su cuerpo contrasta con su obesidad: pies pequeñísimos, boquitas, naricitas, manitas, o un torero gordo y gigante junto a un picador enano. En la obra total de Botero puedes ver redondeces muy redondas, pero eso sí, llenas de mucho color sin sombras, porque a Fernando no le gustan. Una colección famosa del pintor y que ha dado la vuelta al mundo es La Corrida y, por supuesto, se trata de la fiesta brava.

Botero también crea esculturas gordas y enormes. En el invierno de 1992, en París, Fernando Botero montó una exposición de esculturas monumentales a todo lo largo de los Campos Elíseos, y tanto los parisinos como los turistas hicieron alguna caricia a tan tentadoras formas. Fernando Botero ha armado la gorda en el arte contemporáneo y es el pintor latinoamericano mejor cotizado en el mundo.

268

269 Lago Maracaibo

El lago más grande de América del Sur es el Maracaibo, ubicado en Venezuela, al nivel del mar. Su superficie cuenta con más de 12 500 kilómetros cuadrados y su anchura máxima es de 120 kilómetros.

El lago Maracaibo es una gran reserva natural para el pueblo venezolano porque tiene abundante pesca y ricos yacimientos petroleros; gracias a esto, Venezuela es uno de los primeros países productores de oro negro en el mundo. Un puente de 9 kilómetros de largo cruza el lago para unir la ciudad de Maracaibo con las de la otra orilla.

270 El archipiélago de las Perlas

El archipiélago de las Perlas, en el corazón del Golfo de Panamá, fue en tiempos de la Colonia un banco de ostras perlíferas que enriqueció mucho a la Corona española.

271 Ñandutí

Las mujeres de Paraguay tejen un encaje finísimo, para adornar la ropa blanca, que es muy apreciado en América del Sur. El delicado tejido, en el telar semeja una telaraña. De ello proviene su nombre, ñandutí, que en guaraní significa araña blanca.

Hoy en día existen blusas, camisas y vestidos bordados con ñandutí de muchos colores.

272 Llueve a diario

En la región selvática de Quibdó, al sur de Colombia, abundan el oro y el platino. Como es una zona muy cercana al Ecuador terrestre, allí el agua no falta a su cita: llueve a diario. Quibdó es el lugar con el mayor índice anual de precipitaciones en el planeta.

273 El aguijón del bagre

Los peces no sólo sirven para que los comamos. El bagre es un pez de 40 a 80 centímetros de longitud; cabezón, bigotón y de hocico sin punta; su carne es sabrosa y con pocas espinas. Ahora bien, muchos de los indígenas de América tropical —como los yanomamo de Venezuela— saben que al bagre, además de saborearlo, pueden darle otro uso. El pez tiene en su espalda un fuerte aguijón que ellos utilizan como arma. Sin duda, es un arma muy original.

274 Islas de otro mundo

¡Ah caramba! ¿Están en el espacio exterior? No precisamente, pero sí en un espacio especial. Te cuento. Las Islas Galápagos nacieron cuando una cadena de volcanes entró en erupción, hace millones de años, en medio del Océano Pacífico, frente al Ecuador. Poco a poco, los vientos y las corrientes marinas depositaron en ellas semillas, huevecillos, larvas y pequeños animales... ¿Nos creerías si te dijéramos que también llegaron pájaros, a veces, arrastrados por ventarrones? Y allí se reprodujeron todos, aislados del resto del mundo.

En este paraíso los animales son amistosos, temen únicamente a sus predadores. Las Islas Galápagos constituyen el mejor ejemplo de cómo viven y evolucionan los animales, aislados del resto del mundo.

"Desde el mes de marzo sueño con los fósiles americanos y con las especies particulares del archipiélago de las Galápagos... las especies de ese archipiélago están en el origen de todas mis ideas..."

Así se expresó Charles Darwin, un científico inglés, quien las visitó en el siglo XIX. La observación de estos extraños animales y plantas, que se habían mantenido sin grandes cambios adaptativos desde épocas remotas, permitió a Darwin desarrollar su tesis sobre la evolución de las especies. La UNESCO las ha declarado Patrimonio de la Humanidad.

275 ¡Qué callesota!

Si un día visitas Brasilia, la capital de Brasil, abre bien los ojos. Lo más seguro es que recorras o cruces la calle Eje Monumental, que es la más ancha del mundo. Mide 250 metros de una acera a la otra y entre éstas pueden caber hasta 160 automóviles.

276 Volcán de Fuego, Volcán de Agua

"...Un volcán, que es la más espantable cosa que se ha visto, que echa por la boca piedras tan grandes como una casa, ardiendo en vivas llamas y cuando caen se hacen pedazos y cubren toda la sierra de fuego..."

Este texto más parece tomado de novela de ficción que de la vida cotidiana. Sin embargo, la realidad supera la fantasía. Pedro de Alvarado, conquistador de Guatemala, describió así la erupción del Volcán de Fuego, en una de sus cartas a Hernán Cortés.

Este volcán es uno de los dos centinelas que custodian la actual ciudad de la Antigua, que recibió el nombre de Santiago de los Caballeros al ser fundada por Alvarado. Al lado opuesto del Volcán de Fuego está el otro vigilante: el

Volcán de Agua. En la misma carta, Alvarado narra que un día él y su ejército cruzaban el Valle de Pachoy al pie del Volcán de Agua y entonces:

"... ocurrió un gran terremoto, tan fuerte, que muchos soldados rodaron por el suelo..."

América fue para los conquistadores una tierra pródiga, pero también un continente temible.

276

277 Cuichú, el de los siete colores

Los incas adoraban al Sol, a la Luna y al arco iris. A éste lo nombraban Cuichú y le construyeron su propio templo; el interior estaba totalmente cubierto con paños de oro. Cuichú, dios colorido, dios Arco Iris, quién no se maravilla de ti después de una lluvia con Sol.

278 Pájaro mariposa

Gasta tanta energía, que durante una jornada necesita comer una cantidad dos veces mayor que su propio peso. Agita las alas a muchísima velocidad —algunas especies hasta 50 veces por segundo— y parece quedar detenido en el aire, sin posarse, mientras se alimenta del néctar de las flores y de diminutos insectos que encuentra en los cálices de ellas.

El colibrí, pájaro mosca, chupamirto o picaflor es el ave más pequeña que existe.

Hay alrededor de 400 especies, todas originarias de América; el nido de la más diminuta tiene el tamaño de una cuchara.

279 ¿Qué haría un inuit sin un tiktu?

¿Qué haría un inuit sin un tiktu? Develaremos el misterio.

Hoy en día, los esquimales se agrupan en pequeños pueblos repartidos en las regiones heladas de Groenlandia, Alaska y Canadá, y mantienen contacto con personas de otras razas. En cambio, años atrás, vivían aislados del resto del mundo. Los esquimales creían entonces que eran los únicos habitantes de la Tierra, por eso se llamaron inuit, que significa hombre.

Los inuit deben soportar temperaturas muy bajas y pueden

hacerlo, en parte, gracias a las vestimentas y botas de piel con que se cubren. Pero no toda piel es buena, necesitan una calientita y liviana que sólo encuentran en el caribú, un animal parecido al reno, que habita en América del Norte. Claro que los esquimales no lo llaman caribú —palabra de origen francés— sino tiktu.

Los pelos del tiktu son huecos y están llenos de aire; esta característica tan particular permite que la piel conserve el calor del cuerpo de la persona que la lleva y hace que sea aún más liviana que las pieles sintéticas.

¿Qué haría un inuit sin un tiktu?

280 Eclipse

El eclipse llegó al medio día.
Llegaron las sombras, la oscuridad
                              total.
Se hizo de noche y era la una de la
                              tarde,
una noche ominosa,
una noche para el asombro y el
                              terror.
Lloramos todos
todos nos alegramos de vivir.
Amaneció de pronto
y sentimos que Dios sonreía
después de haber jugado con
                              nosotros.

El autor de *Eclipse* es Jaime Sabines, un poeta mexicano. Para escribirlo, se basó en las impresiones que le causó el eclipse total de Sol del 11 de julio de 1991. Fenómeno que, dicho sea de paso, oscureció total o parcialmente gran parte del continente americano. La franja eclipsada dio inicio en Hawai para terminar en Brasil. Además, fue el eclipse total más largo de este siglo: la oscuridad duró casi siete minutos. Bien merece un poema.

280

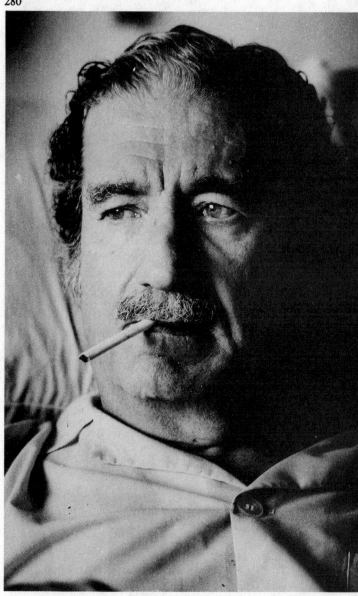